おひとり京都の晩ごはん

地元民が愛する本当に旨い店50

柏井壽

光文社新書

はじめに

光文社新書シリーズで『「極み」のひとり旅』を上梓したのは２００４年の秋。そのあと２００９年の秋には『おひとり京都の愉しみ』を出した。次の『食い道楽ひとり旅』は２０１４年と、ほぼ五年おきに〈おひとり〉本を出版してきて、今回は少し早いサイクルで『おひとり京都の晩ごはん』となった。

この十数年のあいだの〈おひとり〉市場の拡大は目をみはるものがある。『「極み」のひとり旅』出版当時は、まだひとり旅が珍しかったころで、ホテルはともかくも、ひとり客を受け入れてくれる旅館など、ほとんどなかったといってもいい。

ひとり旅が好きだ、といえば、よほどの変わり者か、もしくは旅の道連れもいない哀れな人だと思われる時代。

十数年を経て、隔世の感がある。日本中を旅していて、どれほど多くひとりで旅する人を見かけるようになったか。その場所は問わない。離島、都市、海辺のリゾート、山歩き。とりわけ若い女性と、熟年女性のひとり旅としばしば出会う。

しかしながら、最もひとり旅が多いのは、間違いなく京都である。

この数年のことだろうか。ターミナルや名所旧跡、花街をはじめとする観光地でひとり地図を広げ、或いはタブレットを操り、目的地を探す姿を見かけるのは至極当たり前のこととなってきた。

治安もよく、観るべきところも多くあり、何よりひとり旅が最もよく似合う京都。京都ひとり旅は増えるいっぽうだ。

ときどき居酒屋のカウンターなどで隣り合わせることがあり、京都ひとり旅話に花が咲くのだが、そんなときに決まって話題になるのが、京都おひとり晩ごはん。

——ひとりで泊まることも、ひとりで観光することも、お昼ごはんをひとりで食べることも、何ひとつ困ることはないが、おひとり晩ごはんには難渋する——

そんな声を聞いたのは一度や二度ではない。

京都に住まう僕にも思い当たることがある。

原稿を書くためにひとりでホテルに籠《こも》り、さて晩ごはんを、となったときに選択肢は限られているのだ。

ときにはひとりで割烹も行きたいし、真っ当な中華料理やフレンチも食べたい。ひとり焼肉だって愉しみたいし、鮨屋のカウンターにも座りたい。

そう願っても、叶わぬ夢に終わることも何度かあった。かつての旅館と同じく、ひとり客は効率が悪いと思われているのだろう。予約の際に人数を訊《き》かれて、ひとりだと答えた瞬間に断られることもしばしば。

更にはなんとか店に入りこめたとしても、ひとりだと邪険に扱われたり、末席に追いやられたり、白い目で見られたり、と居心地の悪い店も何軒もあった。

京都でおひとり晩ごはんはハードルが高い。身をもって実感し、ひとりでも気持ちよく迎え入れてくれる店を探し続けた。

年間に百日ほどは、京都でひとり晩ごはんを食べる僕が、自信を持ってお奨めできる店を五十軒紹介する。

味はもちろんのこと、おひとりさま専用のメニューがあったり、ひとり用のハーフポーションョン料理を作ってくれたり、と、おひとり晩ごはんにやさしい店ばかりだ。

今話題の、とか、予約が取れないほどの人気、だとかに目を奪われることなく、本当に美味しい料理が真っ当な価格で食べられて、しかも居心地がよく、ひとりで快適に晩ごはんを食べられる店。

おひとり京都旅の参考にしていただければ嬉しいが、ひとりでも快適に過ごせる店は、当然のことながらカップルでもグループでも愉しめるわけで、そんな旅にも是非ご活用いただきたい。

はじめてのときは少しく身構えてしまうかもしれないが、慣れてしまえば、これほど愉しい時間はない。

おひとり京都の晩ごはん。きっとやみつきになる。

目次

第4章　地元民気分で味わう

第5章　一人でも贅沢に

飲食店のデータ（値段、所在地、メニュー等）は取材当時のものです。
執筆以降、データが変更されている場合がありますが、ご了承ください。

第1章　京らしさを気軽に味わう

燕《えん》 en——季節ごとに通いたくなる割烹店　【地図F】

季節ごと、と書いたが、本当は毎月というのがふさわしい。事実僕は、最低でも月に一度は通い詰めている。京都で和食を食べたくなったら、まずはここへ予約の電話を、というのがここ二年ほど続くスタイルだ。

オープンしてまだ三年ほどしか経たないこの店との出会いは、不思議な偶然だった。京都での定宿である「ダイワロイネットホテル京都八条口」に滞在していて、京都駅から歩いて戻る途中、閉店していたはずの店に灯りが点《つ》いている。気になって覗《のぞ》いてみると、串揚げ屋のはずが割烹風の店になっていて、スタッフの応対もなかなか感じがいい。その場で予約をして、食べに行って、期待をはるかに超える味と接客に、いっぺんにファンになってしまい、今に至っている。

京都駅八条口。つまり新幹線側の一階改札口から歩いて三分ほどだろうか。アバンティビルの南側にある「燕 en」は、うっかりすると通り過ぎてしまいそうな、控えめな入口で、まさかこの店で、今の京都でも抜きんでた和食を食べられるとは、きっと誰も思わないだろう、さりげない店構えだ。

鰻《うなぎ》の寝床よろしく、狭い間口に奥に長く延びるカウンター席。その横にふたり用のテーブル席がふたつ。すべて合わせて十人と少し入れば満席になるような小体《こてい》な店は、実は京都でも有数の美食の宝庫。

いつのころからか、京都の割烹店は、おまかせコース一本鎗《いっぽんやり》になってしまった。食べる量も違えば、味の好みも違うはずの客が同じ料理を食べる。それだけでも不思議なことなのに、人気割烹店では、食事を始める時間まで同じなのだという。

まるで学校給食のようではないか、と僕などは思うのだが。


それはさておき「燕 en」。おまかせコースもできるようだが、ほとんどの客はアラカルトを愉しんでいる。

何か月も前からの予約はいらないが、京都旅を決めたなら、まずはこの店の予約をしたい。それが、おひとり京都旅の成否を決めることになるといっても過言ではない。

有名店、人気店、今の京都にはたくさんの飲食店があり、それを目当てとする旅は少なくない。一年前から予約をし、それに合わせて旅程を組むこともあるという。

本末転倒だと思うのだが、旅の形は人それぞれ、それを良しとするなら外野がとやかく言う筋合いではないのだろう。

アラカルトで、その日の気分で食べる

　さて、この「燕en」で何を食べるか。何も決まりはない。食べたいものを好きなように注文すればいい。それが本来の割烹の姿であり、京都で美味しい和食を食べる最良のスタイルなのである。

　日替わりだとか、月替わりなどと決まっているのかどうかも知らない。その日のお奨め料理は和紙と黒板の両方に記されていて、それを見比べながら、一品ずつ注文するのがいい。

　京都という街は、川は身近にあっても、海から遠く、旬の食材は遠方から運ばれてくる。それ故《ゆえ》、少しばかりタイムラグがあって、それがスタンダードになるという不思議な現象が起きている。

　カウンターを挟んで、そんな話をしながら、さて次は何を食べようかと、壁にかかる黒板を見上げながら、杯を傾けるのは至福の時間。

　ご大層な有名割烹の予約に合わせて京都を旅するのは愚かなこと。日中は自由に歩き回り、日暮れて「燕en」で夕餉《ゆうげ》を愉しむ。これに優る京都旅はない。

西洋酒楼《しゅろう》　六堀《ろくぼり》――美しき眺めの洋食レストラン　【地図Ｆ】

京都の洋食。その素晴らしさをずっと言い続けてきて、ようやくそれに気づきはじめたのか、近年の京都は洋食屋ラッシュの様相を呈し、オールドファンのみならず、若い人たちも好んで洋食を食べるようになったのは、まさしく同慶の至り。

ひとつにはイタリアンやスパニッシュを中心とした、洋風ビストロが飽和状態になってきたからだろうと思う。

生ハム、バーニャカウダ、フリット、パスタにピザ。それらを人気メニューとして、オープンキッチンスタイルの店が相次いでオープンし、開店当初こそ話題性もあって、多くの客を集めたが、如何《いかん》せん同業店が多すぎて、客足が徐々に遠のくようになった店も少なくない。

そこで注目を集めるようになったのが、洋風料理ながら、日本独自のスタイルを保ち、発展し続けてきた洋食。古くからの店はもちろん、新たな店も加わり、京都の洋食界が俄然《がぜん》活況を呈してきた。

昔ながらの洋食屋さんと異なるのは、その雰囲気。

ライスと一緒にガッツリ食べるという、従来の洋食と違って、ワインのお供といった感じで、何種類かを注文してシェアする。

それはまさに僕が理想とするところであって、ワインと一緒に洋食を愉しむのは、少し大げさに言えば、僕の夢だった。

数ある京都の洋食レストランの中で、ニューオープンということもあって、注目度が高い店。それが「西洋酒楼《しゅろう》 六堀《ろくぼり》」。

店の名は、その在《あ》り処《か》を示し、つまりは六条堀川に建つ店。京都で最も広い通りとして知られる堀川通は、銀杏の木が立ち並び、どこか京都離れした眺めを見せてくれる。

緑豊かな並木道は秋ともなれば、黄金色の連なりが際立って美しく、それを間近にしながら食事できるのも、「六堀」の魅力となっている。

堀川通に面して広い間口を持つ店は、昼はさんさんと陽光を取り入れ、夜は広い通りならではの情趣あふれる眺めを生み出し、そんな眺めに目を遊ばせながら、京都の正しい洋食を味わえるのは、なんともありがたい。

昼も夜もコース料理が用意されていて、バリエーション豊かな洋食を愉しめるが、おひとり晩ごはんとしては、やはりアラカルトを強くお奨めしたい。

前菜代わりに、まずは鶏肉のたたき。これが美味しい。焼鳥専門店でもこれほど上質の鶏肉はなかなか味わえない。

続けてのオーダーは、ポテトサラダとマカロニサラダのハーフセット。洋食好きには堪《こた》えられないコラボだ。

エビフライやクリームコロッケなどは、単品一個から注文できるのも、おひとりごはんには嬉しい限り。

この店の最大の特徴は、店からの眺めだけでなく、テーブルの上でも美しい眺めを得られることにある。どこか日本料理を思わせる、洗練された器遣いと、フレンチにも通じる瀟《しょう》洒《しゃ》な盛り付け。

しかしその味わいはといえば、地に足をつけた本格洋食。

ブームに乗って、といったふうに、安易に洋食レストランに切り替える店もあるが、形だけ真似て本物にはほど遠い店も少なくない。「六堀」はそれら俄《にわ》か洋食とは一線を画す本格派である。本当はふたりで行きたい店、かもしれない。

先斗町《ぽんとちょう》 ますだ——おばんざいでお酒を愉しむ晩ごはん　【地図C・E】

京都に来ればおばんざい。まるで呪文を唱えるかのように、おばんざいを求める旅人は後を絶たない。

京料理と対をなすようにして、おばんざいという言葉が流布《るふ》しだしたのは、それほど古い話ではない。言葉としての、おばんざいは昔からあったが、一般にその言葉が語られるようになったのは、昭和の終わりころからだったと記憶する。

諸説あるものの、おおむね〈お番菜〉と書くのが一般的なようだ。

〈番〉は順番の意と粗末なという意を、〈菜〉はおかずを表している。

京都の古い家は、ハレとケを明確に区別し、そのケに食べるおかずを、おばんざいと呼んだ。或いは、「おぞよ」や「おまわり」。いずれも公家たちの女房言葉から派生したといわれている。

呼び名はどうあれ、普段の粗末な食であることは間違いなく、したがって、お金を払って、お店でおばんざいを食べるなどということは、古くからの京都人には考えられないことなのである。

しかしながら、言葉というものは時代と共に変わるもの。

今や京都のおばんざいを代表する店として名高い「先斗町《ぽんとちょう》 ますだ」の三代目にあたる当代主人も、時代に合わせる。

——お客さんがそう言わはるんやったら、あえて否定はしません。おばんざいをアテにして飲んでもろたらええと思います——

「先斗町 ますだ」のカウンターには、いわゆるおばんざいが所狭しと並ぶ。どれもが昔ながらの取り合わせ、味付けだ。

この店の初代女将、増田たかさんの言葉。

京都でも屈指の、風情のあるエリア

——おばんざいより少し濃い味。お酒に合うのはそんな味付けです——

そのとおり、ご飯のおかずとしてのおばんざいより、味にメリハリが利く。

古くからのおばんざいの領分を守って、牛肉、豚肉、洋野菜は使わず、地の野菜、若狭からの海の幸をあれこれ取り合わせて、多彩な酒のアテを作る。

海老芋と棒鱈《ぼうだら》の炊き合わせは〈いもぼう〉と呼ばれ、

〈出会いもん〉の代表とされている。

海から遠い京の街では、よそから運ばれてきたものどうしが、偶然京都で出会い、合わさって美味を生み出すことが少なくない。

北の海から北前船に載せられてきた棒鱈。九州の南から運ばれてきて、いつしか京都で栽培されるようになった海老芋。このふたつが合わさって〈いもぼう〉。これほどの美味になると誰が予測しただろうか。それが京都マジックというもの。

茄子とにしん、油揚げと水菜、そして春のワカメとタケノコなど。京都の名産と他の地域から運ばれてきた食材を組み合わせて、京ならではの味に仕立てる。


長い歴史の中で不変を保つのは、よほど考え抜かれた取り合わせだったのだろう。今どきの創作料理のような、その場の思い付きとはわけが違う。京都という土地が育んできた味わいそのものを、おばんざいというなら、何も異を唱えることなどしない。

司馬遼太郎がこよなく愛した店、というだけで、おおよその雰囲気は分かろうというもの。お酒は賀茂鶴の樽酒のみ。高歌放吟などもってのほか。「酒はしづかに飲むべかりけり」。京のおひとり晩ごはんには最適の店である。

串かつ こぱん――浪速の串カツ　京の串揚げ　【地図C・E】

串カツと串揚げは別の食べ物である。

どっちでもいいじゃないか。そうおっしゃる向きもあるだろうが、ここは厳然と区別したい。

どう違うのか。一番の違いはソース。

巷間よくいわれる、ソース二度づけ禁止、というのが串カツ。揚げる具材によって、ソースを使い分けるのが串揚げ。大まかにはそう区別したい。

店の外には分かりやすい価格表があり、安心

大阪ではおおむね串カツだが、京都の主流は串揚げ。一品ずつゆっくり揚げた串を、それに合うソース、タレをつけて食べる。海老ならレモンを搾って塩、豚ロースならポン酢、レンコンミンチなら中濃ソース、といった具合にだ。

大阪の串カツは、中身の如何を問わず、すべて同じソースをつけて食べる。これが大きな容《い》れ物に入っていて、相客と共有するので、二度づけ禁止というルールが生まれた。半分かじった串カツをまたつけられたら、衛生上よろしくないし、何より不快だ。

大阪の串カツはおおむねネタが大きく、衣も厚めなので、十本も食べればお腹が大きくなる。それに加えて、食材が何であれ、どの串も同じ味のソースにつけるので、僕などは食べ飽きてしまう。

そこへいくと串揚げは愉しいし、いくらでも食べられる気がする。

京都五花街のひとつ、先斗町は鴨川の流れから一筋西にあって、狭い通りの両側に、ひしめき合って店が建ち並んでいる。その多くは飲食店で、通りを歩くと両側から様々な匂いが漂ってくる。

京都らしいと言って、ここを超える通りは他にないだろうと思う。車はもちろん、自転車すら通らない道筋からは、時折、鴨川の流れが垣間見えるところもあり、京都情緒満点である。

一番多いのはお出汁《だし》の香りだが、その合間を縫うように、油の匂いもところどころから流れてくる。それをたどると「串かつ こぱん」に行き着くという塩梅《あんばい》だ。とは言ってもほんの微かな香りであって、大阪の串カツ屋のように、あからさまにそれを知らせるほどのものではないのだが。

店に入ると、串揚げ屋というより、ダイニングバーといった雰囲気で、カウンター席がメインの店は、当然ながら、おひとりさま大歓迎。

おまかせコースがお奨め。値ごろなワインが揃っているのも嬉しい。

串揚げのために別注されただろう、白い器がカウンターに置かれ、いやがうえにも串揚げ気分が高まる。

和風のお出汁醤油、ピーナツバターソース、塩レモンなど、変化に富んだ味付けが、飽きることなく何本でも食べられる秘訣だろう。飲むペースに合わせて、一串ずつ出してくれ、何をつけて食べればいいかを教えてくれる。

もちろん季節によって、串の中身は異なるが、よもぎ麩《ふ》や、京がんもなど京都らしい素材もあり、京都で食べる串揚げ、というイメージを裏切ることがない。

常に三十種近くは用意されているようだが、二十本ほども食べれば、おおかたはお腹がいっぱいになる。

すべてが揚げものだから、胃もたれするかといえば、決してそんなことはなく、食後感はさっぱりとしていて、このあたりは上質な油を使っているからこそだろう。先斗町で串揚げ。意外にも京都らしいのである。

天壇《てんだん》 祇園本店――鴨川を見下ろしながら、ひとり焼肉を愉しむ 【地図C・E】

京都で焼肉といえばこの店。古くからの京都人が口を揃えるのが「天壇《てんだん》」の名。新しもの好きという一面と、保守性を併せ持つ京都人にとって、焼肉という料理は思いのほかハードルが高く、ともすればホルモン中心のマニアックなものととらえる向きが少なくなかった。

そんな中、あっさりと食べられる工夫をし、カップルから家族連れまで、幅広い客層を集める焼肉屋が出現したのは1965年のこと。東京オリンピックが開催された翌年。川端通に面していて、南座から少しばかり南に下った辺り。当時はまだ京阪本線が地上を走っていて、四条駅が近づくと、車内にまでその芳ばしい匂いが漂ってきて、誰もが鼻をひくつかせた。

かく言う僕もこの匂いに誘われて店に入ったクチで、生まれて初めて食べたキムチのあまりの辛さに、目を白黒させたことは、今でも鮮明に覚えている。

タンやロースくらいは、なんとなく分かるものの、カルビだとかミノなんて言われても、それが牛肉のどこの部位で、どういう味なのか、まるで見当もつかなかった。そんな時代。暗い店内に煙がもうもうと、といったイメージをくつがえし、明るく清潔な店で食べる焼肉は未知の味で、牛肉好きの京都人は、あっという間に焼肉のとりことなった。

爾来《じらい》五十年。今も、京都の焼肉といえば「天壇」。京都人には根強い人気を保ち続けている。

市内はもちろん、東京にも支店を持つほどの繁盛ぶりだが、味わいも店のありようも、当時と変わることがない。

場所も変わることなく、川端通。変わったのは京阪本線。地下に潜《もぐ》ってしまったので、車内にまで匂いが届くことはない。無煙ロースターのおかげもあって、店の前まで来ても、かすかに匂う程度。二階に上った途端、一気に焼肉の香りが押し寄せてくる。

上階はＶＩＰフロア。ひとり客は、鴨川を見下ろす二階のカウンター席に案内される。

とかくひとり焼肉は、手狭で暗い席を与えられがちだが、この店では特等席とも言えるよ

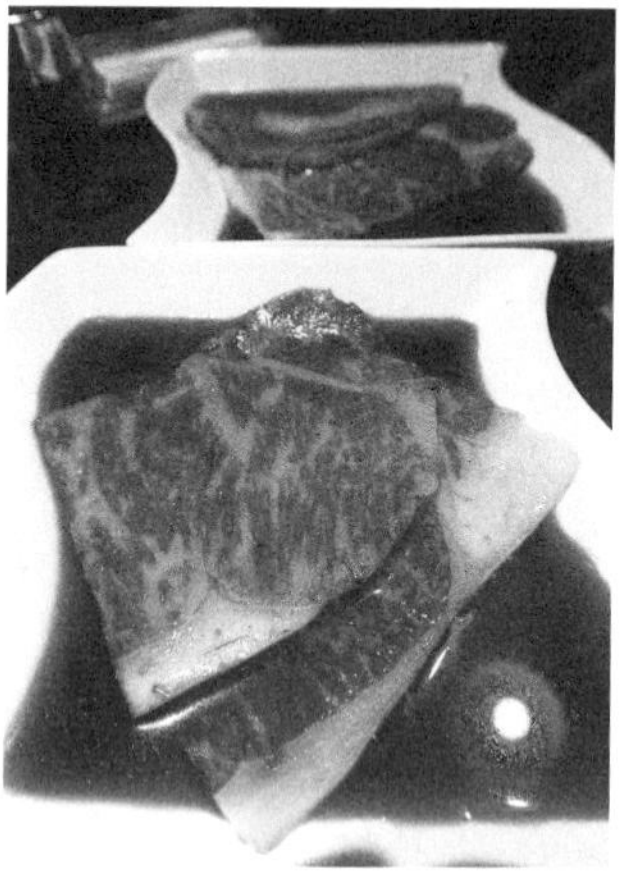

〈天壇ロース〉は誰もが頼む名物メニューだ

うな、窓際席。といっても、本来はカップルシートなのだが。

周りがすべてカップルだったとしても、なんら臆《おく》することはない。堂々とひとり焼肉を愉しもう。店の側もそれを分かったうえで、この席を作ったのだから。

表立ってのメニューではないが、それほど混み合っていないディナータイムなら、焼肉のハーフサイズ・リクエストにも応えてくれる。

とある日。まずはサラダをオーダー。今やベジファーストの時代。それは焼肉屋であっても同じで、肉だけを食べていてはいけないという世の流れに逆らわず、ナムルやキムチだけでなく、しっかり野菜を食べてから肉へと移る。

この店の最大の特徴は〈黄金のつけタレ〉と名付けられた〈洗いタレ〉。濃密なタレに漬け肉を焼き上げ、この〈黄金のつけタレ〉をさっとくぐらせると、実にあっさりとした味わいになり、いくらでも食べられる。大きめにカットされたロースを網で炙って〈黄金のつけタレ〉につけ、ご飯にのせて食べるのも、この店ならではの醍醐味。

これぞ京都人好みの焼肉。

京焼肉　嘻姜《ききょう》——由緒正しい洋館でゆったり焼肉　**【地図D】**

おひとり晩ごはんで大切なこと。それは食事を摂《と》る〈場〉である。

夕食が摂れればどんな場所でもいい、というものではなく、ひとりごはんなればこそ、場所や店の空気をたいせつにしたいもの。

友人どうしで誘い合うなら、場末感漂う裏路地の店も味わいがあって悪くないが、ひとり晩ごはんがそういう店だと、本当にうらぶれてしまう。

とりわけ焼鳥や焼肉はその傾向が強いので注意が必要だ。あくまでも私見だが、おひとり晩ごはんで焼肉を食べるなら、小綺麗な店をお奨めする。そしてそれが由緒ある建築ならなお一層味わいが深まる。

京都の建築といえば、誰もが数寄屋造りや、京町家を思い浮かべるが、京都における洋館建築も趣き深いものがあり、その中で味わう焼肉もまた、ひときわ旨さを際立たせる。

烏丸三条界隈。古く日本のウォールストリートと呼ばれたという説もあり、明治の近代建

烏丸通から一本入ったところにあり、立地も最高

築を代表する赤煉瓦《あかれんが》の洋館をはじめ、名建築が数多く残っていて、現役で活躍しているのも京都ならではのこと。〈文椿ビルヂング〉というのもそのひとつ。大正時代に建てられた洋館をリノベーションして商業施設として再スタートしたのが２００４年。京都市登録有形文化財には、何軒かのテナントが入り、佇まいを見るだけでも充分価値があるのだが、その一角でひとり焼肉を愉しめるとあらば、是非とも体験してみたい。

店の名は「京焼肉キキョウ」。

本来は〈嘻姜〉という難しい漢字を書くようだが、なんとはなしにカタカナもよく似合う気がする。

一階が厨房になっていて、古風な階段を上がって二階が主な客席。高い天井からレトロなペンダントライトが下がり、落ち着いた内装は焼肉屋とは思えないほど。カウンター席はなく、すべてテーブル席。おひとり晩ごはんでも、このゆったりとしたテーブル席でひとり焼肉を愉しめる。この雰囲気なら、ということで、ひとり焼肉を愉しむ若い女性も少なくないと聞く。

この店をおひとり晩ごはんとしてお奨めするのは、そのメニュー構成にもある。焼肉メニューのほとんどがハーフサイズでもオーダーでき、しかもその価格はといえば、ほぼ半額なのである。

おひとり晩ごはんにとって、焼肉というジャンルは難敵のひとつで、それはおおむねメニュー構成にある。ロースだとかカルビなど、どれもが二、三人分のボリュームが普通で、ひとりで食べると、二種類か三種類でお腹がいっぱいになってしまう。焼肉の醍醐味はいろんな部位を食べることにあると思っているので、レギュラーサイズでしかオーダーできない店は、おひとり晩ごはんには向かない。

そこでこの店。一部を除いて、グランドメニューにちゃんとハーフサイズの料金が明記してあるのがありがたい。ひとり客歓迎というサインでもあるのだから。

たとえば〈特撰赤身もも〉と〈本かるび〉〈和牛たん〉〈リブロース〉〈和牛上はらみ〉の五種類を頼むとして、レギュラーサイズなら七千四百二十円、ハーフサイズだと三千七百十五円。ほぼ半額で食べられる。この店の心意気が嬉しいではないか。

こういう良心的な店はすべてにやさしい。安らいだ空気に包まれて、心置きなくひとり焼肉を堪能できるのだ。

GYOZA OHSHO 烏丸《からすま》御池《おいけ》店——スタイリッシュ餃子でおひとり晩ごはん　【地図D】

「餃子の王将」は海外も含めると数百店舗を持つ巨大なチェーン店だが、その発祥は京都の四条大宮近くで、多くの京都人にとって餃子と言えば「餃子の王将」であり、「王将」といえば餃子なのである。

たしかに安くて美味しい店ではあるが、わざわざ、おひとり京都の晩ごはんに選ぶこともなかろう。日本中たいていの場所にあるのだから、別に京都で食べなくても。多くの方々はそんな疑問を持たれるだろう。

だがそれは「餃子の王将」のことであり、お奨めするのは「GYOZA OHSHO」。ただローマ字に置き換えただけではない。経営は同じだが、まったく別の店だと思ったほうがいい。何がどう違うか。

まずは店のスタイルが違う。

外観はもちろん、店の中のインテリアデザインから、器の使い方から、スタッフの接客にいたるまで、「餃子の王将」と違って、スタイリッシュなのだ。

地下鉄烏丸線・東西線の烏丸御池駅のほど近く、両替町通を御池通から少し南に下った辺り、ダイニングバーを思わせる外観の店にはテラス席も備えられている。

店に入るとすぐにビッグテーブル席、その横にはオープンキッチンに続くカウンター席がある。他にテーブル席もあるが、おひとり晩ごはんなら迷うことなくカウンター席。時分どきには行列ができる人気店なので、時間に余裕を持って出かけたい。夜なら六時までには入りたいところ。今のところ予約ができるのは二人からのようで、ひとり客は直接店に行くしかないのだが、電話で問い合わせると空席状況を教えてくれるので、事前に電話を入れてから足を運びたい。

洒落たバルのような外観で、女性ひとりでも入りやすい

席に着いてまずはメニューを開く。予備知識を持たずに行くと、この時点で多くの目は点になる。「餃子の王将」とはまったくと言っていいほど、メニューが異なるからだ。

まずはドリンク。赤、白、ロゼと揃ったワインはどれもグラス百八十円。もちろんボトル売りもある。そして何より驚くのはスパークリングワインが四種類もあること。グラスなら四百円、ボトルは二千三百円から三千円という極めてリーズナブルな値付けが嬉しい。

カクテルは七種類。まさかモヒートまであるとは誰も思わないだろう。

ドリンクがそんなだから、フードは推して知るべし。〈ロコモコ風サラダ〉だとか〈前菜三種盛〉なんていうオシャレなメニューがある。〈野菜と豚肉のチーズせいろ蒸し〉なんていうヘルシーな料理まであって、既存の「餃子の王将」からは想像もできないような女性好みのメニューは、見た目にも美しく、もちろん食べても美味しい。

しかし真骨頂はやはり、店の看板にもなっている餃子。定番の焼餃子もあるが、この店にしかないオリジナル餃子を是非お奨めしたい。

〈スープ餃子〉は溶かしたバター、サワークリームで、〈京風和風餃子〉は白味噌チーズのタレで食べるという斬新さ。奇をてらったように見えて、どちらもきちんと美味しい。

オリジナルだけでなく、定番メニューもちゃんと揃っていて、しかも〈ジャストサイズ〉というミニポーションでオーダーできる料理があるのも、おひとり晩ごはんにはぴったり。

ここでしか食べられない料理と、リーズナブルなドリンクをスタイリッシュに味わえる「GYOZA OHSHO」。特に女性ひとり客にお奨めしたい。

第2章　時間がなくても行きたい店

和・にち――京都駅近くの理想的な小料理屋で　【地図F】

京都駅周辺には、和洋合わせてたくさんの居酒屋があり、集客を競い合っている。とりわけ中央口から北、七条通辺りまでは居酒屋密集地帯と言ってもいいほどで、しかしそのうちの何軒かは、観光客だけを狙い撃ちするかのような、おざなりな店もあり、うっかり呼び込みに応じると、悲惨な目に遭うことも少なくないと聞く。

割烹ほどには気取らず、気安い雰囲気の中でお酒を愉しめる店。かつては小料理屋という呼び名があったが、今はあまり使われない言葉らしく、食の口コミサイトでも小料理屋というジャンルはない。ただ、小料理という言葉はある。

和食の中の日本料理、更にその中に〈割烹と小料理〉というジャンルがあるのだが、今の時代の割烹と小料理では、ずいぶんと雰囲気が異なると思う。

割烹というのは、板前割烹という言葉が示すように、カウンターの中にいる板前が、目の前で調理する店をいう。一方で小料理屋というものは、作り置きした料理をさっと出すようなイメージがある。

近年の割烹、特に人気割烹店はほとんどがコース料理を専門にしていて、

――適当にみつくろって――

という注文には応じてくれない。本来の割烹なら、そういう注文こそが腕を発揮できる場面だと、張り切って料理してくれるはずなのだが。

本来の割烹が果たすべき役割の一部を、代わりに果たしているのが小料理屋だ。馴染みの豆腐屋が届けてくれた豆腐を、素早く冷奴にして出す。或いは近所の漬物屋で求めた漬物を切って、酒のアテに出す。その気安さが小料理屋の醍醐味なのであり、居酒屋とは少しばかりイメージが異なる。

カウンターの中で大将がどっしりと構えていて、その傍らで女将さんがサポートする。注文を取ったり、料理を運ぶのはその娘さん。そんな絵に描いたような小料理屋を、京都駅の近くで見つけた。

店の名は「和・にち」。一風変わった屋号の店の在り処を、言葉で説明するのは極めて難しい。京都駅中央口から歩いて五分とかからない路地裏にある、とだけ記しておき、詳しくは地図をご覧いただきたい。

派手な看板もなく、ふつうの民家にも思えるような外観で、引き戸を開けて店に入ると、小ぢんまりとした店の造りに、ホッとひと息つく。

入口から横にカウンターが延び、その中の厨房から白衣姿の大将が、柔和な笑顔で迎えてくれる。傍らに立つ女将と、客席係をつとめる娘さんも笑顔を絶やさない。その三人と向かい合うだけで、ほっこりと気持ちが和む。

この店に足を運んだ理由のひとつに、値ごろなスパークリングワインを置いていることがあり、無論まずはそれを注文。

軽やかなお通しが出た後は、その日のお奨めメニューを見ながら、小料理をいくつか。店の雰囲気も料理も肩肘張らないのがいい。

ボトルが半分ほど空いたところで、天ぷらを注文。盛り合わせでなく、海老天だけを、というワガママ注文にも気楽に応じてくれるのが嬉しい。目の前で揚げられた熱々を、出汁の効いた天つゆにたっぷりつけて食べると、思わず笑みがこぼれる。

そしてこの店を選んだ、ふたつ目の理由である寿司をオーダー。白髪の大将が生き生きとした表情で握ってくれる。そう。ここはお寿司が主役の小料理屋なのだ。

とかく緊張を強いられる鮨屋と違って、至って気楽に美味しいお寿司を堪能できる。最後のお勘定でまた笑顔になれる、嬉しい小料理屋である。

京の焼肉処弘《ひろ》 八条口店――駅近で愉しむおひとり焼肉　【地図F】

京都一長い商店街の西の端に「ミートショップヒロ」という肉屋さんがあり、選りすぐりの牛肉を商うことで知られていたが、その店が焼肉屋を開いたとあって、たちまち人気を集めることとなり、「焼肉弘《ひろ》」の名は、京都の焼肉ファンの間で、一躍評判を呼んだ。

オープン当初に話題となったのは〈史上最強のロース〉というネーミングをまとったメニュー。手ごろな価格に比して、その旨さは突出していて、僕はすぐ拙著で紹介した。２００３年のことである。

それから干支がひと周りし、「焼肉弘」は次々と店を増やし、京都で焼肉、と言えば「焼肉弘」の名が挙がるようになった。

その店が、僕が定宿としている「ダイワロイネットホテル京都八条口」のすぐ近くにオープンしたと聞いて、間を置かずさっそく訪ねてみた。

ホテルを出て東へ百メートルばかり。一分とかからず歩いて行ける場所に、昔から馴染み深い焼肉屋ができるとは思ってもみなかった。

おひとり晩ごはんで、最もハードルが高いのは焼肉屋ではないだろうか。

家族や友人とわいわい言いながら、賑やかに網を囲むのが焼肉屋だというイメージが強く、

京都駅八条口から歩いてすぐ。開店間もなく、スタイリッシュな外観

テーブル席でひとり肉を焼きながら食べていると、天涯孤独な気の毒な人に見えてしまう。

しかし今日《こんにち》のように、じわじわと、おひとり客が増えてくると、焼肉屋とて、それに対応していかねばならない。焼肉屋にカウンター席ができてきたのは、ひとり客にはありがたい限り。

カウンター席というと、どうしてもオープンキッチンスタイルを思い浮かべがちだが、壁や窓を向いたカウンター席も、それはそれで、ひとり客には強い味方になるものなのである。

「京の焼肉処弘　八条口店」は、入口から入って左奥に、壁と向き合うカウンター席があり、おひとりさまだと、ここに案内される。

とは言っても、おひとりさま専用ではなく、主にカップル向けに作られていて、ひとりだと、ふたり分を占用することとなる。それも踏まえ、ふたり分とは言わないまでも、たっぷり食べて、しっかり飲みたいものである。

最近よく見かけるのは、食べるでもなく、飲むでもなく、わずかばかりのオーダーをして長居する若いカップル。時として、会話もなく、互いにスマホをいじっているだけ、という客も少なくない。飲食店というのは、飲んだり、食べたりするための施設だということをゆめゆめ忘れてはならない。

初めてここを訪れたときに僕が最初に頼んだのは、ボトルスパークリングワインとナムル盛り合わせ。このナムルの器が、小さな重箱ふうなのに感心した。これだけで京都の焼肉らしさを感じさせてくれるのだ。

焼肉は〈本日の厚切り〉。コロッと切られた肉はまさしく厚切り。しっかり噛みごたえのある肉をニンニク塩で食べる。肉そのものが持つ旨みを堪能した後は、この店の名物〈和牛赤身肉青葱だれ〉。程よい厚みの赤身肉の片側に、隙間なく青葱のたれが塗られ、見た目のインパクトと、葱まみれの肉の旨みを味わう。

この辺りでボトルは空になり、グラス赤ワインとハラミをオーダー。〆は白ご飯とお代わりハラミと白菜キムチ。どれも間違いのない美味しさと充分な量。

おひとり焼肉を堪能して、最終の新幹線に充分間に合う。嬉しい立地だ。

京ダイニング八条——最終列車十分前に最後の一杯【地図F】

京都旅を終えて、帰路につく前に名残を惜しみながらの、おひとり晩ごはん。うっかり飲み過ぎてしまって、最終列車に間に合わない、という事態は避けたい。となれば、駅ナカの店が安心だ。

しかしながら、テナント料が高額なのか、黙っていても客が入るせいか、その理由は定かでないが、値段と内容が釣り合わない店や、接客に難点がある店も少なくない。何度か痛い目に遭っている。

東京からの友人を見送りがてら、ギリギリまで杯を交わすことがしばしばある。荷物も多いことから、最後に乗り遅れないようにと、駅ナカになる。

いかにも京都ふうの料理だが、既製品っぽいのに、そこそこの値段がついている。それは仕方ないとして、問題はお酒の値段だ。僕はグラスワイン、友人は焼酎のロックを頼んだが、テーブルに置かれたふたつのグラスを見て、互いに顔を見合わせた。あまりにも少量だったか

JR 京都駅八条東口改札からすぐの「おもてなし小路」にある。お土産店も隣接していて便利

らである。ふた口ほどで飲みきれるほど。それでいて決して安くはない。

　或いは鉄板料理店。この店は外国人観光客に人気らしく、いろんな言葉が飛び交っている。それ故だろうと思うが、外国語が堪能なスタッフは通訳にばかり気を取られ、肝心の接客がおろそかになる。注文した料理がなかなか届かないので注意したら、失念していたようだが、謝るでもなくまた、通訳業に戻る。それが一度や二度ではないので、食事の途中で店を出た。


　そんな店ばかりではないのだろうが、駅ナカの店とは長く相性が悪かった。だが、頃合いの値段で美味しい料理やお酒があって、かつ接客も気持ちのいい店を見つけて、ひとり晩ごはんの店として愛用している。それが「京ダイニング八条」。以前は「八条ダイナー」という店名だったが、リニューアルを機に名前もメニューも変わった。

　以前は全席喫煙可だったのが、今回の改装で禁煙席ができたのも嬉しい。奥が喫煙席になっているので、手前のハイテーブル席か、カウンター席を選ぶ。ひとり晩ごはんならカウンター席がいい。

　酒類も豊富に揃っていて、かつ適価。フードメニューも和洋を問わず、バリエーション豊か。

僕はいつものようにスパークリングワインを頼んで、あれこれつまむというスタイル。まずは〈前菜五種盛り合せ〉から始める。

和洋織り交ぜて、ひと皿に盛られた料理は、それだけでも充分なほどの内容だが、他にも魅力的なメニューがたくさんあるので、少なめのポーションにしてもらうのも一法。

京都らしい一品を、となれば〈京豆腐と生麩の笠ね焼き〉がいい。山椒の風味が効いて味わい深い。

チーズを湯葉で巻いて揚げた〈チーズの東寺揚げ〉もワインによく合う。ちなみに「東寺」の周りには、今も昔も湯葉屋が多いことから、湯葉を使った料理には「東寺」の名がつく。

和風のパスタやオムライスもあるのだが、ひとりで食べきるのは難しいほどのボリュームがある。混雑時でなければハーフサイズを頼んでみてもいいが、混みあっているときなら、〈九条ネギのピザ〉をお奨めしておく。

新幹線の改札口まで急げば一分。最終列車の十分前まで、最後の一杯を愉しめる店。是非覚えておきたい。

東洞院《ひがしのとういん》SOU――和食のおひとり晩ごはんなら、まずここへ　【地図C・D】

カウンターでのおひとり和食。多くの憧れでありながら、そのハードルは決して低くない。値段はさておき、はたしてひとり客を歓迎してくれるのか。そこが最も気がかりなところ。

それは予約の電話でおおむね分かる。

――明日の六時からの予約をお願いしたいのですが――

――ありがとうございます。何名様でしょうか――

――ひとりなんですが――

――少々お待ちください――

保留音が十秒ほど続いた後、

――あいにく明日の夜は満席になっておりまして――

よくあることだ。この店はひとり客を敬遠しているのは明らかなので、僕のリストから外す。

最初に日にちと時間を告げている。もしも一席もないほど完全に席が埋まっているのなら、人数を訊く必要がなく、すぐに断っているはずだ。ひとり客を嫌ったのだろうことは間違いない。

日本旅館などがその典型なのだが、日本ではひとり客を敬遠する傾向がある。きっと効率が悪いと思われているのだろう。或いは面倒な客だという先入観があるのかもしれない。経営感覚が化石化している証左である。

ひとり客をたいせつにしない店に未来はない。本書の著者として、そう断言しておく。

そこでこの「東洞院SOU」である。予約の電話も軽くクリア。そして何より感動したのは、カウンター席に着いて、オーダーしようとしたときである。

――当店はほぼすべてのメニューをハーフサイズにできますので、お気軽にお申しつけください――

京都に限ったことではなく、これまで数限りなく店を訪れたが、店側からそう言われたのは初めてのこと。これこそが、ひとり客歓迎のしるしだと、小躍りしたくなるほど嬉しかった。

端《はな》からそんなだから、その後は推して知るべし。ひとり客への気遣いは食事中ずっと続いた。

僕は夕食といえども、カウンターにタブレットを置いて仕事をするのだが、初めての店では、その可否を判断するのにしばらく時間がかかる。店によっては雰囲気を壊すだろうと諦めることもよくある。この店は、タブレットを出すまでは、しきりに話しかけてくれ、仕事モードに入ったと見るや、一切かまわず、時折、気の利いたつまみを出してくれる。空気を読めるのも、よい店の大事な条件。

晩秋の日。お通しは三種。小さな茶わん蒸し、湯葉の餡かけ、焼き秋刀魚《さんま》寿司。オーダーしたのは、鶏肝の生姜煮、カズノコの奈良漬け、焼き銀杏。これだけで充分飲めるのだが、どれも美味しくて追加オーダーは時節柄〈松茸の土瓶蒸し〉と〈鰻ととろろ芋のだし巻き〉。満員盛況、大賑わいの店なので、料理に時間がかかるからと、合間を見てつまみを出してくれる。

〆はカキフライを白ご飯と共に。至福の時間はゆるゆると過ぎていく。

半年も前から予約をして、それを目当ての京都旅も悪くないが、こんな市井《しせい》の店で人情の機微に触れるほうが、よほど京都旅らしいと僕は思う。

杏《あんず》っ子――カウンターで鉄鍋餃子を頬張る　【地図C】

極めて和のイメージが強い京都だが、意外な料理が京都名物だったりする。

ラーメンなどもそのひとつで、「天下一品」など全国展開しているラーメン店も、京都の北白川が発祥の地であり、そのすぐ北にある一乗寺界隈には〈ラーメン街道〉なる通りがあり、全国各地からわざわざラーメンを食べに来る客で、しばしば行列ができる。

薄味のイメージが強い京都と、濃厚スープのラーメンはミスマッチに思われがちだが、学生の街でもある京都とラーメンの相性はすこぶるいい。

と同じく、餃子もまた京都名物のひとつと言える。何しろ店の名に餃子を冠した「餃子の王将」は日本中にその名をとどろかせていて、その発祥の地は四条大宮である。

餃子の街として、その名を知られているのは、栃木県の宇都宮市と、静岡県の浜松市。しばしば話題になるのは、餃子の消費量日本一。宇都宮と浜松は毎年その首位を競い合っているが、両市に後れは取るものの、京都市は三位をキープし続けている。だけでなく、都道府県単位となれば、京都府の餃子消費量は全国で一位になったほどの餃子好きなのだ。

日本ふう餃子の本場と言ってもいい京都には、餃子を名物とする店が多く存在していて、それぞれが独自のスタイルで味を競い合っている。

ではあるが、スナック的な印象が強い餃子を、おひとり晩ごはんとして食べられる店はそれほど多くない。喧騒に満ちた中華食堂でのおひとり晩ごはんは、京都らしくないと言えるだろうし、餃子しかメニューに載っていない専門店もいささか不向き。

餃子を名物としながらも、他にも美味しい料理があって、ワイン片手に愉しめる。そんな餃子屋が河原町三条にあって、店の名は「杏っ子」。ビルの二階にひっそりと暖簾《のれん》を上げる隠れ家店だ。

正確に言えば、河原町三条を北に上がって、一筋目の細道を東に入った辺り、南側のビルの二階。

店に入って左手がテーブル席。四人も入れば満席になるような小さなスペース。そこから右奥に延びるカウンター席が、おひとり晩ごはんの指定席。

店を切り盛りするのは女性ふたり。餃子という些《いささ》か硬派な料理を扱いながらも、穏やかな空気が店の中に流れているのは、きっとそのせいもあるのだろう。

この「杏っ子」をお奨めする最大の理由は、〈お一人様歓迎セット〉という、ひとり客専用のメニューがあることである。ひとりでも、ではなく、ひとりでしか頼めないメニューがある店は、心底ひとり客を歓迎してくれていることの証しであって、おひとり晩ごはんにとって、これほど嬉しいものはない。

〈お一人様歓迎セット〉は、生ビールもしくはソフトドリンク一杯、先附に続いて、名物の鉄鍋餃子が六個、カマンベールチーズ／梅と大葉の和風ぎょうざ／海老ニラ焼饅頭、の変わり餃子が三種一個ずつ、水餃子二個、と計十一個の餃子がセットになって千八百五十円だから、かなりのお値打ち価格だ。

他にも変わり餃子、サラダ、麺類もあるので、足りなければ追加すればいい。

英語のメニューもあり、カウンターは国際色豊かな顔ぶれが並び、それもまた、おひとり晩ごはんには恰好の場となるのである。

釜めし 月村――名物の釜めしは、〆にぴったり　【地図C】

かつては京都のあちこちにあった小料理屋。今ではずいぶん少なくなった。

居酒屋か割烹。どちらかに属してしまう。たしかに小料理という言葉は分かりにくい。小料理の〈小〉はどういう意味なのか。おそらくは、料理といえるほどのものではない、という謙遜から〈小〉をつけたのだろう。同じような意味合いで、素人料理というジャンルもあった。

謙遜が美徳だったのも今は昔。今では逆に、大した店でもないのに料亭と謳《うた》ったり、名乗るほどの料理でもないのに、京料理を店名に冠するところも少なくない。言った者勝ちの風潮は高まるばかり。話半分に聞いたほうがいい。

四条河原町から南側の歩道を歩いて、一筋目の細道を南へ折れる。突き当たりを左へ進むと更に道は細くなり、南へ歩いてすぐ右手に「釜めし 月村」の看板が見える。ここは僕にとって理想の小料理屋だ。

四条河原町から路地を入った静かな一角。分かりにくい場所だが、迷いながら行くのもまた一興

割烹、居酒屋、小料理屋。僕がどこで区別しているかといえば、カウンターの席数だ。

チェーン店を除いた居酒屋や割烹は、カウンター席が店の多数を占めるが、小料理屋は半々、もしくはテーブル席や小上がり席のほうが多いようだ。

「月村」は全部で十数席あるが、カウンターはわずか三席。予約は難しいので五時開店に一番乗りしたいところ。

運よく席に着いて、品書きを見る。看板にあるとおり、メインは〈釜めし〉。〈えび〉〈とり〉〈かき〉と三種あり、どれも値段は同じ。〈ミックス〉という豪華版もある。炊き上がりまで二、三十分かかるので、それを逆算して注文するとして、それまでに小料理を愉しむ。

飲み物はシンプルな構成。〈さけ〉は燗酒、冷たいのは〈冷酒〉。〈ビール〉は瓶ビールで、〈生ビール〉同様、〈中〉と〈小〉がある。料理は決して安価とは言えないが、その分酒類の値付けはかなり安い。このあたりでバランスを取るのも、良心的な小料理屋ならではのこと。

壁にかかる黒い木札に白字で書かれた品書きからいくつか選び、お酒を飲みながら食べて、頃合いの時間になったら釜めしを注文、というのが「月村」流おひとり晩ごはん。

通年札がかかる、キズシや天ぷらなどの定番から、旬の料理までおおむね二十枚ほどの木札の他に、その下に数枚貼られた紙の品書きは見ているだけでも愉しい。

〈釜めし〉と並ぶこの店の名物〈昔ながらのしゅうまい〉が品書きにあれば是非食べておきたい。完全手作りなので、メニューに載らないこともあるが、開店当初からの人気メニューで、とりわけ映画人御用達の料理として親しまれてきた。

日本映画発祥の地でもある京都には、多くの映画関係者が訪れ、それぞれが贔屓《ひいき》の店を何軒か持っている。「月村」は東映映画と関係が深く、〈昔ながらのしゅうまい〉は映画人の間で人気を集めることになったという。

さて、いよいよ〈釜めし〉。冬場なら断然〈かき〉がお奨めだが、いつ食べても旨いのは〈とり〉。

木の台に載せられた釜の木蓋《きぶた》を取ると、湯気とともに芳ばしい香りが立ち上る。火傷しそうなほどに熱々の〈釜めし〉を竹のしゃもじで掬《すく》って、そのまま口へ放り込む。これぞ〈釜めし〉。いちいち茶碗によそっていたのでは熱も旨みも逃げてしまう。ひとりには過ぎたる量だと思いながら、つい完食してしまうほど美味しい。

とり匠ふく井——駅にも近いおとなの焼鳥屋【地図F】

京都で焼鳥。似合っているようで、そうでもないような。しごく微妙な取り合わせ。

京都という土地柄、鶏肉は身近な存在ではあるのだが、焼鳥という料理法になると、京都らしい、とは言えないような気もする。

それゆえかどうか、鶏鍋や鶏料理の名店はすぐ頭に浮かぶが、焼鳥となると、はてどこがいいか、と思い悩むのが京都における焼鳥の存在だ。

それなりに美味しい焼鳥を食べられる店は何軒もあるが、京都で焼鳥を食べるならここ、という決定打に乏しい。加えて、おひとり京都の晩ごはんにふさわしい店はなかなか見当たらない。ましてや女性ひとりで、となれば皆無に近い。

そこでこの店。京都駅八条口からそう遠くない場所にあって、しっとりとした空気が流れる、おとなの焼鳥屋だ。

「とり匠ふく井」というのがその店の名。

古い京町家をリノベーションした店は、東寺通に面して建っていて、黒を基調とした外観は、遠来の旅人をやさしく迎え入れる。

大きな扉は引くのか押すのか、誰もが迷うところ。なんとか店に入ると、奥へ長く延びるカウンター席と、入口手前に小ぢんまりしたテーブル席がふたつ。

小体な店かと思いきや、上の階には多くの席があるようで、次々と客たちが階段を上っていく。

人の流れを背中で感じながら、おひとり晩ごはんはカウンター席。先附として出される豆腐が美味しい。

店では〈濃厚恋豆腐〉と呼んでいるらしいそれは、たしかに普通の豆腐にはない濃厚な味わいが特徴で、いきなりこんな豆腐が出てくるあたりが、京都の焼鳥屋らしいところ。

多くが思い浮かべる焼鳥とは違って、この店の焼鳥は宮崎ふう。串に刺した鶏肉にタレをつけながら焼く一般的な焼鳥ではなく、炭の強火で一気に焼いて、外は黒く焦がし、中はレアに仕上げる。

カウンター席に座ると、注文が通る度に鶏が焼き上げられる様子を間近にできるのが愉しい。

カウンター席にいると、焼き上がるまでの時間も楽しめる

編カゴのような容器に入った鶏肉を火にかざすと、その脂が落ちて大きな炎が上がる。と同時に芳ばしい香りが一気に広がる。

先附の豆腐に続けて、さて何を頼むか。メニューブックとにらめっこをしながら思い悩むのも愉しい時間。〈本日のおばんざい〉三種盛り合わせだとか、炭火焼きの野菜なんかを食べてから、鶏肉に移るのが健康的なメニュー立て。

僕がいつも頼むのは〈名物つくね〉。玉子の黄身を絡めて食べる〈月見つくね〉と、冬でも一気に汗が噴きだす〈激辛つくね〉は必須。

そのあとは、柴漬けをアレンジしたタルタルソースで味わう〈とり南蛮〉か、〈知覧どりチキンカツ〉。たいていはこれでお腹がいっぱいになるのだが、少し余裕があれば、ラーメンで〆る。

〈しめそば〉は鶏味のラーメンのハーフサイズ。あっさりとしているようで、濃厚な後味のスープが細麺によく合う。同じスープを使った〈カレーラーメン〉にも魅かれるが、フルサイズのみなので、ひとりごはんにはやや厳しい。

あなご料理　大金《おおがね》——穴子尽しを愉しむ　【地図D】

西洞院通の高辻通近く。ビジネス街のはずれにあって、まずはその店の名に魅かれた。

手を入れ過ぎていない京町家の玄関周りは、淡いベンガラ色に染められ、軒先から吊るされた大きな白い提灯には「大金」という名が書かれている。

たいきん、ではなく、おおがね、と読む。お金と縁が薄い身には、なんとも引きつけられる店名だが、これは主人の姓なのだそうで、縁起をかついだわけでも、客の気を引こうとして名づけられたものでもない。そう聞けば、ますます魅かれるではないか。

魅かれる理由はもうひとつ。店の前に記された〈あなご〉という文字。

京都三大祭のひとつである祇園祭は、別名を鱧祭《はもまつり》と呼ぶほど、京都と鱧は密接な関係にある。夏ともなれば、京都の和食店で鱧料理が品書きに上らない日などなく、旦那衆から町衆まで、こぞって鱧料理に舌鼓を打つ。

或いは鰻。

おおむね関西は地焼きと呼ばれる調理法を用い、蒸しを入れて皮までやわらかくする江戸焼きとは異なるのだが、なぜか京都の鰻料理店は江戸焼鰻を得意とする店が多い。その理由のひとつに、京都はお年寄りの多い街で、硬い皮を苦手としているから、といわれるが、納得できるものではない。

それよりも、京都は江戸との交流が盛んだったから、というほうが腑に落ちる。いずれにせよ、鰻好きの京都人は少なくなく、鰻専門店も洛中に多く存在し、海の幸よりも身近な魚として鰻は愛され続けている。

俗に長ものと呼ばれる三種。鰻、鱧、穴子のうち、京

きれいにさばかれた穴子。穴子の薄造りは是非とも食べたい逸品

都における穴子の存在感は希薄である。夏なら鱧、年中鰻、どちらもそれを目指して食べに行くことは多々あっても、穴子を食べに行くという機会は滅多にない。よくよく考えれば不思議な話であって、鱧や鰻に比べてあっさりとした味わいの穴子は、京都人の好みにぴったり合うはずで、穴子料理の専門店が何軒かあってもおかしくないのだ。

さてこの「大金」は穴子料理専門店である。それも塩焼きや白焼き、天ぷらや寿司といったオーソドックスな料理だけではなく、お造りや、しゃぶしゃぶ、すき焼きまであるのだから驚く。

店に入ってまず目に入るのが厨房と、その前に設えられたカウンター席。脇にはテーブル席もあるが、メインはカウンター席というのも、おひとり晩ごはんにはありがたい店。全部で十二席しかないので、必ず予約をしてから出向きたい。

穴子料理専門店ではあるが、穴子以外の料理も用意されていて、それを織り交ぜてのコースもある。気分に応じてアラカルトとコースを選び分けられるのは嬉しい。

ひとり晩ごはんのときは、お奨めの料理を聞き、お店と相談しながら進めていくのもいい。日本酒でもいいが、存外ワインがよく合う。手ごろな国産ワインと穴子料理の組み合わせをお奨めしたい。

穴子の薄造りは滅多に食べられない逸品。これからスタートし、白焼きや、肝の串焼きへと続け、天ぷらをはさんで、〆の穴子飯というのが、標準的なスタイル。〈女将のイタリアン〉という裏メニューもあるので、通い詰める愉しみもある。

京都で穴子。はんなり、あっさりした味わいで、しっくりと街に溶け込んでいる。おひとり晩ごはんには恰好の食材でもある。

二條《にじょう》　葵月《きづき》——お鮨と和食のおひとり晩ごはん　【地図C】

お鮨にはふた通りの食べ方がある。

ひとつは言うまでもなく、鮨だけを食べるもので、最初に少し造りを食べるくらいで、あとは徹頭徹尾、鮨だけを食べ続ける。鮨を食べに行く、となるとおおむねこのパターンで、歳を重ねるごとに造りが苦手となってきた僕などは、最初のお通しのあとは、いきなり鮨。最後まで鮨。という食べ方がほとんど。

もうひとつは、あれこれと和食を食べて、最後の〆というか、後半戦を鮨に託すというかたち。これはこれで愉しいもので、鮨ばかりではなくいろいろ食べたい、というときもある。

笑顔で迎えてくれるカウンター席はとても居心地が良い

価格的な話になると、圧倒的に前者が高額だ。和食店の寿司と専門店の鮨では、内容も異なるので、致し方のないところ。おまけに鮨専門店の多くは、価格が明記されていないことも多く、初めての鮨屋などは、いったい幾らかかるか分からないので暖簾をくぐるのにかなりの勇気がいる。

価格面ではさほど心配しなくてもいいのは後者の店。これがしかし、あるようで意外に少ない。或いはあるにはあっても、鮨が本格とはほど遠く、宴会用にも似た寿司だとがっかりする。

恰好の店がある。２０１４年にできたばかりの新しい店。

二条柳馬場を少し東に入った辺り。近年飲食店が増え、賑わいを見せはじめた二条通に面して、ビルの一階に店を構える「二條 葵月」がそれ。葵月と書いてキヅキと読む。

明るい店の中には四人がけのテーブル席がふたつと、カウンターが八席。おひとり晩ごはんは無論のことカウンター席。

カウンター席に腰かけて前を見ると、店名の由来となった葵と月の絵が、金色に輝いている。鮨屋につきもののネタケースが見当たらない。

そしてメニュー。おひとり晩ごはんに最適なコースが二種類用意されている。ひとつは〈葵コース〉。六貫の鮨がつく、全部で五品のコースで三千五百円。もうひとつは〈月コース〉で、鮨は五貫に減るが、ステーキも含めて九品出てくるコースで五千円。

京都で真っ当なお鮨を食べてこの値段。実にリーズナブルだ。多くの割烹店ではランチタイムでの価格。お鮨に限らず、この値段で晩ごはんのコースを食べられる店は限られている。

〈葵コース〉は、最初に先附が出て、椀物を挟んで魚料理が出る。その後に鮨が六貫。ネタはおまかせだが、苦手なものがあれば先にそれを告げておくと外してくれる。鮨は江戸前を基本としながらも固執することなく、シャリも赤酢と米酢を使い分ける。

もうひとつの〈月コース〉は最初の先附と椀物まではおおむね〈葵コース〉と同じだが、そのあとに二種の造りが出るあたりから内容が大きく変わる。

魚料理のあとに出されるのが、〈うにあいすと胡麻豆腐〉。山口出身の主人が考案した創作料理。いわゆるスペシャリテだ。これに続く〈宇部牛のたたき風ステーキ〉もまた山口出身ならではの料理。ここまででお腹はそこそこ大きくなっているから、鮨は五貫でたいてい満足できるが、足りなければ追加すればいい。

ずばりお奨めは〈月コース〉。極めてコストパフォーマンスに優れた内容で、かつ独創的な料理。ひとりでこれを愉しむのはもったいないような気もする。

七番館――駅近洋食でおひとり晩ごはん【地図F】

ＪＲ京都駅は新幹線側の八条口と、在来線側の中央口があり、賑わいで比べれば、圧倒的に中央口側に軍配が上がる。というのも当然のことであり、新幹線が開通する１９６４年までは、八条口側はまばらに民家が建つだけの地だった。

それに比べて中央口側は京都駅前という地位を長く保ち続け、四条通界隈と人気を二分してきたのだから、活気があって当たり前だといえる。

古くは〈丸物〉という名の百貨店があり、その後〈近鉄デパート〉となり、今は「ヨドバシカメラ」となっている建物が、「京都タワー」と共に地域のランドマーク。

京都駅の中央口を出て、烏丸通を北へ。「京都タワー」「ヨドバシカメラ」を通り過ぎると、やがて七条通へといたる。これを北へ渡ると「東本願寺」。渡らずに七条通を東へ歩く。

駅前らしい商店が並ぶ界隈で、食欲をそそる匂いが漂ってきたら、その元にあるのが「七番館」。フレンチをベースにした洋食を味わえるレストランだ。

クラシックスタイルの洋食でありながら、フレンチの香り漂う料理も豊富に揃っていて、おひとり晩ごはんには最適の店である。

斜めに開いた入口から入り、右手にキッチン、それに沿ってカウンター席が並び、左側がテーブル席になっている。

おひとり晩ごはん用のカウンター席は六席ほど。僕はいつも一番奥、ワインセラーの横の席に着く。

ひとり客にとって、カウンター席はどの位置がいいか。鮨屋だと主人の前の席を選ぶが、それ以外はおおむね端っこを選ぶ。時にノートパソコンを開いて仕事をしながら、ということもあり、極力目立たないよう端っこの席に座る。端っこの利点はもうひとつあって、シェフの仕事ぶりを横から見られること。正面からだと見づらい手元も見え、料理ができあがる様子を見ながら、グラスを傾け、次の料理を何にするか迷うひとときは、おひとり晩ごはんならではの愉しみ。

コース料理も用意されているが、豊富に揃うアラカルトメニューから食べたいものを選びたい。

まずは〈かわいいオードブル盛り合わせ〉のSサイズをオーダー。お供はもちろんワイン。この店をおひとり晩ごはんにお奨めする理由に、Sサイズメニューの存在がある。すべてというわけではないが、ボリューミーなメニューにはSサイズが価格と共に明記されている。ひとり客にはありがたい配慮。グラスワインも十種類以上あるので、ひとりでも充分愉しめる。

オードブルのあとは〈生ハムと温泉卵のシーザーサラダ〉。これもSサイズでオーダー。ここまでは白ワインがよく合う。チリのシャルドネなんかだと値段もこなれていて、かつ飲みやすい。

さてメインは何にするか、大いに迷うところ。名物とも言える〈自家製ビーフシチュー〉、〈プリプリ海老のマカロニグラタン〉、〈もち豚肩ロース肉のミラノ風カツレツ〉など魅力的なメニューが幾つもある。これらに合わせるのは赤ワイン。〈ミッシェル・リンチ・ルージュ〉などがお奨め。そして〆。

カレーやパスタもあるが、イチオシは〈醤油風味のガーリックライス〉。ワイン二杯と〆まで食べて、ざっと五千円ほど。京都駅から歩いて十数分なので、帰路につく前の夕食にも便利。京都駅近のおひとり洋食、強くお奨めしたい。

市場《いちば》小路《こうじ》　北大路《きたおおじ》ビブレ店――洛北の拠点で堪能するステーキ居酒屋　【地図B】

京都旅で最も難渋するのは移動手段。市内を縦横無尽に走る市バスが主なアクセスとなる。オフシーズンなら問題ないが、トップシーズンともなれば、主要道は渋滞必至。歩いたほうが早いこともしばしば。

定食風の「おばんざいプレート」など、多数のメニューがある。自家製豆腐も名物

ならば渋滞無縁の地下鉄を、となるものの、東京や大阪のように網のように張り巡らされておらず、南北の烏丸線と東西の東西線、二路線のみ。地下鉄だけでたどれる名所旧跡は限られるが、その利用価値は決して小さくない。

地下鉄プラス市バス、地下鉄プラス徒歩。このコンビネーション・アクセスが京都旅では最適なのだ。

地下鉄烏丸線を背骨だとすると、東西線は左右の手となる。その十字の中で拠点となるのは南の京都駅、中央の烏丸御池駅、北の北大路駅、以上三か所。これらの拠点の近くで晩ごはん、というのが効率的だ。

洛北観光の拠点、北大路駅近くの店は他にも紹介しているが、極めつきはこの店。

北大路駅の地上部分は「北大路ビブレ」という駅ビルになっていて、その二階にあるのが「牛鉄板とおばんざい　市場小路　北大路ビブレ店」。

〈市場小路〉というのは京都市内に数軒を擁する、地場のチェーン店だが、それぞれに内容が異なり、この店はステーキ居酒屋というスタイル。

ただのステーキ居酒屋なら、わざわざここで紹介するまでもないのだが、この店の最大の特徴は、京都の老舗精肉商であり、肉料理店でもある「モリタ屋」の肉を手ごろな価格で味わえることにある。


「北大路ビブレ」の二階。南端はちょっとしたレストラン街になっていて、その一番端っこに目指す店がある。カウンター席、テーブル席、掘りごたつ席とあるが、おひとり晩ごはんは基本的にはカウンター席。しかしながらこの店は窓側の席から比叡山や大文字山が眺められるので、空席があれば窓側のテーブル席を予約したい。

オープンキッチンの鉄板でステーキが焼き上がる様子を間近に見るか、東山の緑を眺めるか、どちらも捨てがたい。

席に着いてまずはドリンク。京都ならではの日本酒から、梅酒、焼酎、チューハイ、値ごろなワインまで揃っていて、オーダーするとお通しが出るのだが、これが通り一遍なものではなく、ちゃんとした一品なのが嬉しい。

あるときはローストビーフ、或いはタンシチューなど、たいていは肉料理。これだけでワインのグラス一杯くらいは充分飲める。

その後は〈自家製おぼろ豆腐の冷奴〉〈生ふの二色田楽〉〈京地玉子を使った鉄板だし巻き玉子〉と進むのが僕のお奨め。カウンター席なら目の前の鉄板で、出し巻き卵が見事に焼き上がる様をつぶさに見られる。

メインはもちろん鉄板ステーキ。

外ヒラ、ランプなど、「モリタ屋」の赤身肉を鉄板でさっと焼き、そのあとは石窯で芯まで火を通すというスタイルで、ただやわらかいだけでなく、噛んだときの旨みもしっかり感じられる。これでいて百グラムで千円前後で食べられるのだからありがたい。

お腹に余裕があれば、〆は〈鉄板ガーリックライス〉といきたい。ステーキハウスさながらの、鮮やかな手さばきで調理され、熱々のまま届く。
地下鉄北大路駅までは、店を出てから三分ほど。時間を気にすることなく、極上のステーキを堪能できる店は、肉好きの方に特にお奨めしたい。

広島鉄板　叶夢《かむ》――広島ふうお好み焼きをひとりで愉しむ　【地図D】

俗に〈コナモン〉と呼ばれる食のジャンルがあって、麺類全般、お好み焼き、たこ焼きなど、粉類を使った食全般を指すようだが、イメージからすれば、京都より大阪のほうがふさわしいように思える。それはたこ焼きやお好み焼きと大阪が密接につながっているからだろう。

大阪名物のたこ焼きも最近では専門店が京都にも増えはじめ、京都名物とまではいかないものの、たこ焼き店に行列ができたりもしている。関西、とひとくくりにされれば、京都も大阪も同じ地方に属する。

コナモンを代表するたこ焼きやお好み焼きが京都に似合うかどうかは別にして、ときどき無性に食べたくなることも間違いない事実で、かく言う僕もそのひとり。

たいていは家で作るが、たまに店で食べると、やっぱりプロの味はひと味もふた味も違うなと感心させられる。

松原通の烏丸通から少し西に入った辺り。飲食店がひしめき合う激戦地に暖簾を上げる「叶夢」は〈カム〉と読み、広島ふうのお好み焼きが人気の店だ。

赤い提灯には〈広島焼〉とあるが、地元広島人に言わせると〈広島ふうお好み焼き〉であり、〈広島焼〉とは言わないのだそうだ。僕などは〈広島焼〉ときっぱり言い切ったほうがいいように思うのだが。

それはさておき、店にはテーブル席や掘りごたつ式の席などもあるが、ひとりならカウンター席がベスト。目の前の鉄板で焼かれる様を見ながら、おひとりお好み焼きを愉しみたい。お好み焼き店と言いながら、メニューは実に豊富で、お造りから、おばんざい、揚げ物、鉄板ステーキなどなど、たいていの料理は品書きに載っている。ドリンク類しかり。日本酒、焼酎、ワインにカクテルと全酒類が揃う。

カウンター席に着いてまずオーダーしたいのが〈おつかれさまセット〉。

生ビールの中か、もしくは〈山崎〉のハイボールと、箱に入った四品の料理がセットになっていて、千円でお釣りがくるというお得な料理。

ビールで喉を潤しながら、お造りやおばんざいをつまみ、鉄板で焼かれるあれこれを見つつ、次の注文を決めるというのが〈叶夢〉流。

ベジファースト。数種類用意されたサラダは、どれもハーフサイズがメニューに載っているのも、おひとり晩ごはんには嬉しい。〈トマトとおぼろ豆腐のサラダ〉がさっぱりとした後味で、お好み焼きの前菜にはうってつけ。

お好み焼きの前にもう一品。目の前で焼かれる肉がどれも旨そうなのである。その日によって部位が異なるが、メニューにあれば〈ウチヒラ〉や〈モモ〉などの赤身肉がお奨め。百グラムも食べれば充分満足できるが、食の細い人なら、肉をパスして、お好み焼きへと進んだほうが無難。

さて、いよいよ〈広島焼〉。いや〈広島ふうお好み焼き〉。シンプルに〈豚入り〉をオーダー。広島ふうは中に麺を入れて焼くのが最大の特徴。この店では、そばかうどん、もしくはミックスのいずれかを選べる。麺なしもあり、百円引きになる。

さんざん人の口に入るのを見てきただけに、自分のが目の前で焼かれると、思わず前のめりになり、口の中が唾液であふれる。

ソースが焦げる芳ばしい匂いと共に、焼き立て熱々をおそるおそる口に入れる。火傷しそうになるのをこらえ、ほわほわ噛むと、なんとも言えない旨みが舌の上から口いっぱいに広がる。京都で広島ふう。愉しくも美味しい。

【地図C】China Cafe　柳華《りゅうか》――モダンチャイニーズのおひとり晩ごはん

中華料理というと、どうしても油ぎった、こってり料理を思い浮かべがちだが、近年は女性に向けてなのか、インテリアも料理も瀟洒なスタイルを売り物にする店が増えてきた。紹興酒でもいいのだが、ワインと合わせる中華。

回転式の円座を組み込んだテーブルを囲み、大人数で楽しむイメージの中華料理と違い、テーブルを挟み、ふたりで向かい合って食べるような中華料理。それならおひとり晩ごはんにも向く。

三条通の柳馬場通を東へ。北側に店を構える「柳華」は、カフェのようなオシャレな佇まいながら、本格的な中華料理を食べられる店として、近年京都人の人気を集めている。

通り名に因《ちな》んでか、一本の柳の木が植えられ、通路を挟んで竹も数本植わっていて、いつも緑の葉が風にそよいでいる。その合間を縫って店の玄関へと向かう。ベトナム辺りの小都

塩で食べる、華麗な春巻きもおすすめメニュー

市の一角を思わせるアプローチ。アジアの風を感じながらのおひとり晩ごはんだ。

少なからず緊張感を伴うおひとり晩ごはんにとって、こういう心安らぐアプローチはとてもありがたい。

店の中はレトロモダンなインテリア。古き良き上海などは、きっとこんな雰囲気だったのだろうな。まだ見ぬ異郷の地に思いを馳せる。

ゆったりとしたテーブルの配置。カウンター席はないが、ひとり客でもソファシートのテーブル席でおひとり晩ごはんを愉しめる。

特にひとり用のコースメニューがあるわけではないが、例えば前菜三種などは、ひとり盛りが品書きに明記されているから、ひとり客を歓迎する店であることは間違いない。

中華のおひとり晩ごはんをスタートさせるのに、この〈前菜3種盛り合わせ〉は欠かせないメニューなのだが、他の店では存外これが高くつく。

中華料理店のアラカルトメニューはおおむね、小盆と中盆に分かれていて、小盆とあっても三人前ほどの分量。これをひとり分にと頼んでも、値段は三分の一にはならず、そこそこの値段になる。そこへいくとこの店、ひとり分の前菜三種は七百七十円。ふかひれスープもワンカップの価格設定があるので、おひとり晩ごはんにはぴったりだ。

前菜、スープに続いては点心といきたい。小籠包、焼売、餃子、豚まんと、ひと通りの点心が揃っているが、一番のお奨めは〈名物しいたけ焼売〉。椎茸の香りと歯ごたえが焼売の旨みを倍増している。一人前は三個なのでちょうどいい分量。

そのあとは一品料理を、となるが、これもまた個性的な料理が豊富にあるので、大いに迷うこととなる。定番以外に季節限定メニューもあり、京都産の食材を使った料理もいくつかある。

こんなときに感じるのがひとり晩ごはんの弱点。食べたいものは幾つもあるが、胃袋はひとつしかない。どれかに絞らなければならない。

ただひとつというなら、〈京豆腐の土鍋マーボー〉をお奨めしよう。

京都ならではのふんわり豆腐と花椒《かしょう》の相性はすこぶるいい。加えて豆腐なら胃への負担も少なく、麺か飯で〆ることができるが、〆はスイーツというのもこの店ならではのセレクト。十種類以上もの中華スイーツを箱盛りにした〈柳華のスイーツ玉手箱〉は見て美しく食べて美味しい。女性には特にお奨めしたい店。

奇天屋――瀟洒な店でひとり天ぷらを満喫　**【地図C】**

京都と天ぷら。似合うような、そうでないような。

鮨と鰻、そして天ぷらは、どうしても江戸のイメージがあり、京都とは結びつきにくい。それゆえかどうか、京都には天ぷら専門店が少ない。もちろん知られた店もあるにはあるが、超がつくような高級店か、或いは、天ぷらも出す、という店。浅草などでよく見かける、天ぷら専門店は数少なく、あったとしても東京発のチェーン店だったりする。


天ぷらだとか鮨などを、懐石コースふうに仕立てあげた料理は苦手だ。鮨なら鮨、天ぷらなら天ぷらだけを食べたい。

できれば目の前で揚げてくれ、揚げ立て熱々を間髪いれずに頬張りたい。

天ぷらだけを思う存分食べられる、値ごろで潔い店と出会ったのは、そう古いことではない。

東京の、とある店で知人と食事をしていたときのこと。京都の天ぷらが話題に上り、僕がよく行く店の名を挙げると、その近くに素晴らしい天ぷら屋があるから、一度食べに行くようにと奨められた。初めて聞く店の名で、半信半疑だったが、その店の主人は勉強熱心で、東京でも有数の天ぷらの名店に足しげく通い、名人に教えを請うていると言われて、俄然興味がわいた。かつて茅場町にあったその名店の主人ならよくよく知っている。あの名人の薫陶を受けたなら間違いない。京都に戻ってすぐに馳せ参じた。

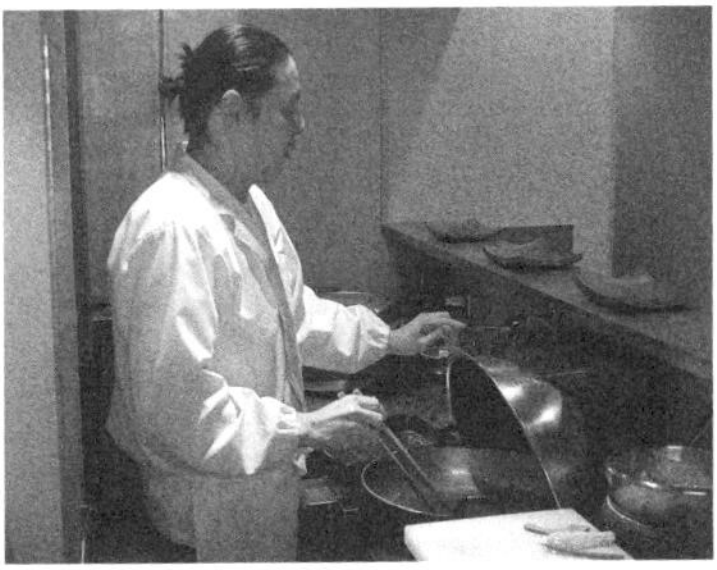

夜はコースが中心で、なるべく予約するのが好ましい

四条烏丸近く。綾小路高倉を西へ。何度も通っている「和食晴ル」（１３９ページ）の二軒隣にその店があったのに、気づかずに素通りしていたのだ。それほどに控えめな佇まいの店は「奇天屋」といい、話に聞いたとおり、理想的な天ぷら屋だった。

初めて訪ねたのはランチタイム。正午の開店を待ちかねて一番乗り。L字型のカウンター席の隅っこに座った。この店なら間違いない。食べる前にそう確信した。まずは匂い。油の匂いがまったくしない。

そして店の中。カウンターはもちろん、厨房の中も微塵《みじん》も乱れがなく、磨き上げられている。飲食店にとって最もたいせつなのは清潔感。とりわけ油をよく使う店では大きなポイントになる。

お昼のメニューは〈天婦羅〉と〈天丼〉のみ。どちらも〈上〉が千三百円で〈特上〉が二千円。天ぷらの品数の違いだと聞いて、昼はいつも軽めなので〈上〉を注文。てきぱきと支度をする主人を見ながら待つ時間は、天ぷら屋の醍醐味。

折敷《おしき》の上には、箸休めの小鉢がふたつ、天つゆ入れ、塩の小皿、ご飯と赤だしが並ぶ。カウンターの皿の上に懐紙が置かれ、油のはぜる音がし始めた。なんとこの価格なのに一品ずつ揚げてくれるのだ。

まずは海老が二尾。いい塩梅に揚がっている。一尾は塩で、もう一尾はたっぷり天つゆに浸し、おろしをのせて食べる。実に軽い。江戸前ふうだが、そこはやはり京都。揚げ油にひと工夫あるのだろう。油の香りがほとんどしない。そして次に出たのがハゼ。京都では滅多に見かけないネタ。これに続く穴子同様、海老よりは強めに揚げてある。魚介は以上。このあとは、大根、エノキ茸、かぼちゃ、さつまいもと野菜が続く。これがまたご飯によく合う。

　この丁寧な仕事ぶりと価格が見合わない。すぐに夜に再訪し、スパークリングワインと共にじっくり愉しんだのは言うまでもない。京都でひとり天ぷらを愉しむならこの店がベスト。そう断言しておく。

第3章　わざわざ訪れたい店

山家《やまが》――鶏と酒で晩ごはん　【地図A】

牛肉に負けず劣らず、京都と鶏肉も近しい関係にある。

鶏料理専門店や、鶏鍋の店も少なくなく、中でも親子丼はいつの間にか京名物の様相を呈するまでになり、市内のあちらこちらで、親子丼目当ての行列ができている。

たとえば祇園下河原にある「ひさご」は麺類が主体の店にもかかわらず、親子丼が一番人気となり、ほとんどの客がそれを注文するという。

鶏料理専門店では、新橋通の縄手近くに建つ「とり新」が人気。親子丼を求めての行列は絶えることがない。

或いは西陣。とり鍋の老舗「鳥岩楼《とりいわろう》」もランチタイムの親子丼が人気で、多くの観光客でいつも賑わっている。

それぞれに見た目も味わいも異なり、どの店で食べても美味しいことに変わりはないが、おそらくその列に京都人の姿はないはずだ。行列を好まない京都人は、他にも、並ばずと食べられて、行列店に引けを取らない味わいの親子丼があることを、先刻承知だからである。

近年の京都。悪《あ》しき傾向は行列が行列を呼ぶことである。人が並んでいれば名店だと思い込んでしまう旅人が多く、それをまたメディアが取り上げて賛辞を贈るから、行列はいっそう長くなる。店によっては一時間以上も並ばないといけないところもあるようで、ただ食べるためだけに無駄な時間を過ごすことになる。

京都には行くべきところ、見るべきものが数多くあり、一時間もあれば有意義なときを過ごせる。街場の食堂、うどん屋さんなど、ふと通りがかった店でも美味しい親子丼は食べられるのに、なんとももったいないことだと、京都人は冷ややかに行列を横目で見て通り過ぎる。

話を鶏肉に戻す。なぜ京都でこれほど親子丼が持て囃《はや》されるかといえば、当然ながらひとつに鶏肉が美味しいからである。もちろん出汁の旨さも大いに影響するが、主役である鶏肉が美味しくなければ、親子丼は旨くならない。

では、なぜ京都の鶏肉が旨いかといえば、それは京都が山懐に抱かれた盆地だからだ。

盆地というものは平坦に見えて、実は傾斜地になっているところも多く、つまり、東、北、西の外れは山里といってもいいほどなのである。

となれば、鶏を飼う家も少なくないわけで、たいせつな客人をもてなすために、庭に遊ぶ鶏をつぶして、というのは、よく見かける光景だった。つまり、古くからの京都人にとって鶏肉は何よりのご馳走だったのだ。

時は流れ、都市化が進むなか、庭で鶏を飼う家は激減し、ましてや自らの手で鶏をつぶすことなどあり得なくなり、鶏肉専門店がその代わりを果たしてくれる仕儀となった。

鶏にはうるさい京都人の中で人気を集めていた「とり京」という鶏肉屋が「山家《やまが》」という料理屋を併設していて、やがて「とり京」は消え、「山家」だけが残った。

鶏肝の山椒煮は風味豊かでワインが進む

鶏肉を使った料理は無論のこと、旬の食材をふんだんに使った料理には定評があり、何よりその店のあたたかい空気、おだやかな雰囲気を求めて、多くが集う。
ひとりならもちろんカウンター席。主人が調理する様を間近にしながら、京の地酒をじっくり愉しむ。洛北鞍馬や貴船、大原などを観光した帰りには、最適のアクセス。鶏好きの方には特にお奨めしたい店。

串あげ　あだち――地元密着型の串揚げ屋で串三昧《ざんまい》　【地図B】

北大路通新町近くにある「串あげ　あだち」で観光客の姿を見かけることは、まったくと言っていいほどにない。

ビルの一階にあって、北大路通に面して暖簾が上がるのだが、ともすれば通り過ぎてしまいそうな、目立たぬ店構え。旅人にとっては通過点になってしまうのも、やむを得ないところ。

どういう場所にあるかといえば、洛北観光の起点となる北大路ターミナルから徒歩五分ほど。古刹《こさつ》「大徳寺」からは歩いて十分ほどだ。

北大路ターミナルには、バスと地下鉄の両方が乗り入れていて、両者を組み合わせれば、洛北の主な観光地へと容易にたどれる。たとえば、京都を代表する観光地の「金閣寺」なら、二〇五系統のバスで十数分。琳派の拠点となった鷹峯《たかがみね》辺りまでは北一系統のバスで二十分ばかり。大原や、鞍馬、貴船方面へは、地下鉄烏丸線で国際会館駅まで行き、そこから京都バスに乗り換えればいい。

洛北と市内繁華街を結ぶ中継地点が北大路ターミナル。洛北観光を終えて、この辺りで夕食を摂るのは、理にかなっているだけでなく、地元民と同じ立ち位置で食事を愉しめるとい

サーモンイクラなどの創作串揚げはこの店ならでは

うメリットもある。

時計回りの二〇五系統の市バス。金閣寺や大徳寺の参拝を済ませた帰途、夕刻を過ぎていれば北大路新町で下車。北大路通の南側に黄色い暖簾を見つけて、店に入る。

外観にはとりわけ京都らしい設《しつら》えがあったりはしないが、暖簾を潜《くぐ》って店に入ると、やはりそこは京都。大阪の串カツ屋にはない、はんなりした空気が感じられる。

テーブル席や座敷もあるが、串揚げの醍醐味はカウンター席。ましてやひとり客なら、当然のことながら、目の前で揚げる様子を眺めながらのカウンター席がいい。

夜のみの営業。セットものもあるが、約三十種にも及ぶ串揚げが、順番に出てくる〈おまかせコース〉がお奨め。

割烹はもちろん、イタリアンやフレンチなどでも、おまかせコースは苦手とする僕だが、串揚げと鮨だけは、おまかせにしている。どんなものが出てくるのか、という期待感と、自分のペースで量を加減できるからだ。

若いときは三十本を制覇したが、今は二十本程度。それでもお腹はいっぱいになる。海老や豚肉、牛肉といった定番から、鱧松茸などの季節もの、サーモンイクラなどの細工ものなど、バリエーション豊かな串揚げを存分に愉しんでから、宿へと向かう。たまにはおひとり晩ごはんの変化球も試してみたい。

変形L字型カウンター席の真ん中あたりが特等席。青い作務衣《さむえ》姿の主人が、ひと串ずつ揚げていく姿を間近に見ながらの食事が愉しい。

地元民御用達だけに実質本位、少しばかり大ぶりに揚げられた串は、よほどの大食漢でなければ全種類制覇は困難。

季節ともなれば、小鮎、筍《たけのこ》なども串揚げになり、定番の人気商品である、イカスミリゾットとともに、「串あげ　あだち」流の串揚げを堪能できる。

洛北観光の帰り道には、是非とも味わってみたい串揚げ店である。

和食庵さら——洛北随一のお手軽割烹　【地図B】

京都で和食を食べようとすれば、おおむね市内中心部に足を運ぶことになる。洛北、洛西など、市内周辺部にも時折いい店があるものの、宴会が主だったり、閉店時間が早かったりと、おひとり晩ごはんには不向きな店が多い。

住まいの近くで、肩ひじ張らず、季節の割烹料理を手ごろな価格で味わえる店はないものかと探していて見つけた店。洛北界隈ではおそらく、ここをおいて、他にはないだろうと思えるお手軽割烹。

お手軽とはいっても料理は本格派。祇園辺りの割烹に一歩も引けを取らない充実ぶり。

店の在り処は今宮通と新町通の西南角。通りの名が示すように、この今宮通をまっすぐ西に進むと「今宮神社」に行き着き、そのすぐ南には「大徳寺」がある。一方、東へ進むと賀茂川に行き当たり、そこから北へたどると「上賀茂神社」、南へ下ると「下鴨神社」へとたどる。つまりは洛北観光には便利な場所だということ。

建屋こそ近代的なビルだが、一歩店に入ると、はんなりした空気が流れ、ゆったりとおひとり晩ごはんを愉しめる。

靴を脱いで上がり込み、一階奥のカウンター席へ。一階、二階と合わせて席数は多いが、L字型のカウンターは、わずかに七席ばかりなので、予約をしておいたほうがいい。

経営母体が魚屋さんなので、ここでは是非とも魚料理を中心に愉しみたい。

グランドメニューだけでも迷うのだが、日替わりメニューも豊富に揃い、ひとりだと、さて何をどう食べようかとメニューに目が釘付けとなる。

祇園辺りの割烹は、近年、おまかせコース一辺倒になってきたと、すでに述べた。客が選べるのは価格帯だけ、というのも寂しい限り。その日の気分、お腹の具合によって、料理を選びながら、自分で晩ごはんを組み立てたいものだ。

そこへいくと、この店。おまかせコースも用意されているが、豊富なアラカルトメニューから選び、自分のペースで、自分だけの、今夜の晩ごはんをコースに仕立て上げられるのが嬉しい。

まずは〈八寸盛合せ〉を頼んで、ゆっくりとオーダーを考える

これはとても貴重なことであって、とりわけ、マイペースで食事をしたいひとり客にとっては実にありがたい。

お酒を頼むと、まずは先附が出てくる。その後にオーダーしたいのが〈八寸盛合せ〉。季節を映し込んだひとり分の前菜が、品よく盛られて供される。僕はいつもこれでスパークリングワインをゆっくり愉しみながら、メニューとにらめっこをして、次に何を頼むか思いを巡らす。

ときどきの、旬の魚がメニューにずらりと並ぶ。夏ともなれば鮎だとか鱧。冬になれば蟹や河豚。海の幸、川の恵み、そして京都ならではの地場の野菜。加えて、〈牛たん塩焼き〉や〈とりの唐揚〉などの居酒屋ふうメニューもあるので、気軽に晩ごはんを食べられる。

一品ずつ価格が明記してあるのも嬉しい。おひとり晩ごはんというものは、何か特別な理由がない限り、それほどの贅沢をしないものなので、千円以下のメニューがたくさんあるのは何よりありがたい。

観光客よりも、近所の常連客が多いのも、この店をお奨めする理由のひとつ。地元客に愛され続ける店を選ぶのは、おひとり京都の晩ごはんを成功させる、最大の秘訣なのである。

うどんや　ぼの——おばんざいとうどんの晩ごはん　【地図A】

うどんだとか蕎麦などの麺類は昼に食べるものだと、長きにわたって決めつけていて、自らの頭の固さを今になって後悔している。

麺類だけを思い浮かべるからいけないのであって、その前にあれこれ料理を食べて、〆に麺類を食べると考えれば、なにほども不思議はない。早い話が中華料理など、それを当然のようにしてきたのだ。

中華料理のコースの〆に、焼飯か汁そばのどちらかを選ぶことなど、至極当たり前のことで、汁そば、すなわちラーメンを〆に食べたことなど、数えきれないほどあったのに、なぜかうどんを〆にすることは思いつかなかった。

鍋料理の〆にうどんを入れることはあっても、和食を食べた最後にうどん、が頭に浮かばなかった。しかしこれを一度経験すればやみつきになってしまう。出汁が美味しい京都のうどんは、〆にぴったりなのだ。

とは言っても、その〆に至るまでの料理が充実していなければ、晩ごはんとしては成立しない。

街場の食堂的なうどん屋さんには、手をかけた一品料理などはなく、晩ごはんには向かない。たまに居酒屋などで、〆のうどんや蕎麦を出す店もあるにはあるが、それらの麺類は余技としての料理であって、うどん専門店に比べると、物足りなく感じてしまうのも当然のこと。

下鴨神社から至近距離にある。昼時には行列していることも多い

うどん専門店が、夜だけでいいから手の込んだ一品料理を作ってくれて、それで酒をゆっくり飲んで、〆に小ぶりのうどんを食べられればどんなに嬉しいか。そう思い探してみれば、思いもかけない場所で見つかったのだ。

下鴨本通に面して、「下鴨神社」から少しばかり北。「うどんや ぼの」という人気のうどん店があることはよく知っていた。昼どきには行列ができることもしばしばで、京都らしい淡いお出汁と、讃岐系のコシのあるうどんの相性が抜群だと聞いてはいたが、行列が苦手な僕は敬して遠ざけてきた。

夜には豊富な一品料理が揃う居酒屋然とした店になり、予約をしておけばワインも用意してくれると聞いて、早速駆けつけた。

店の前に立つと、早くもお出汁の香りが漂ってきて、いやがうえにも食欲がかきたてられる。

昼は戦場のようになるのだろうが、夜はしっとりと落ち着いた居酒屋ふうの空気が流れている。テーブル席もあるが、ひとりなら断然カウンター席だ。

グランドメニューには昼と同じ、バリエーション豊かなうどんの数々が並び、それとは別にもう一枚、夜のおつまみメニュー表があって、これがなんとも愉しい。〈出町いづも屋おからのたいたん〉〈九条ネギのとん平焼き〉〈うどん屋のおだし香る出し巻き玉子　しらす添え〉など、お酒に合いそうなつまみがずらり。

スタートは〈おばんざい3種盛り合わせ〉がいい。と、その前に、うどん屋ならではの突き出しがサービスで出てくる。

出汁を引いた後のイリコが葱とショウガをしたがえて小皿にのっている。出汁醤油をたらすと、充分酒のアテになる。

ひとりで食べるのに、サラダなどはハーフサイズがあるのも嬉しい。うどん屋の余技とは思えないほどの料理を幾皿かつまんだ後は、ハーフサイズのうどんで〆る。あたたかいカレーうどん、冷たいきつねぶっかけうどんなど、昼の行列も納得のうどん。

人気うどん店でおひとり晩ごはん。実に京都らしいセレクトだ。

聖護院《しょうごいん》　嵐《らん》まる――オールマイティの居酒屋でひとりごはん　【地図E】

「平安神宮」から、美術館や動物園まで幅広い観光スポットが集中する岡崎エリア。観光のみならず、美味しい店が点在するエリアとしても、近年ますますその注目度が高まっている。

わけても東大路通と丸太町通が交差する「熊野神社」を中心とする聖護院界隈には次々と新店もオープンし、活気にあふれている。

祇園辺りに比べて手軽な店が多く、料理は本格派ながら気取りもなく、しかし京都ならではのしっとりとした空気が流れているのが、聖護院界隈の店の最大の特徴だと言える。

その草分けとも言えるのが「聖護院 嵐まる」。東山丸太町を南に下り、一筋目を越えた辺りの東側、東大路通に面して店が建っている。

店の名は〈らんまる〉と読み、その由来は暖簾に書かれた〈春夏秋冬美味ノ嵐〉にあるのだろう。

間口は狭いが奥行きは長い。典型的な鰻の寝床。店に入って右手がカウンター席で、オープンキッチンスタイルだ。奥には座敷席もあるが、おひとり晩ごはんなら当然カウンター席。美味の嵐という言葉に偽りがないことは、品書きを見れば分かる。よくぞこれほど多くの料理を集めたものだと、初めての客はたいていい驚く。

頻繁に店主自ら釣りに出向くというから、魚はもちろんだが、厳選した肉類も怠りなく、その調理法も多岐にわたる。

目移り必至の品書きを横目で見ながら、まずは酒選び。和食がベースだから、日本酒が一番のお奨め。品揃えが豊富なので、好みを伝えて店主のセレクトにまかせるのが賢明。この店には他に、焼酎もワインも揃っているので、ワイン派の僕はスパークリングワインをオーダーするが、銘柄を指定したりはしない。

——泡強めの辛口——

この店に限らず、どこの店に行っても、この好みだけを伝えて、後は店に任せる。日本酒もまったく同じで、特に飲みたい銘柄があれば別だが、辛口か甘口か、軽めか重めか、香りは強めか控えめか、などの好みを伝えるのが、店での酒選びの秘訣だと僕は思っている。おまかせコースは苦手だが、酒はまかせるに限る。

〈蛸と海老のエスカルゴ風〉は名物メニュー。パンとの相性抜群

酒が決まったら次は料理。まずは〈お造り盛り合わせ〉から始めるのがこの店の流儀のようだ。ひとり用にみつくろってくれるはず。主人が釣り好きだというだけあって、魚の目利きに間違いはない。ときどきに最もいい状態の造りを盛り合わせてくれる。

その後の料理で迷ったなら〈おばんざい盛り合わせ〉がいい。苦手な食材や好き嫌いを伝えて、あとはおまかせ。これもカウンター席でのおひとり晩ごはんの醍醐味。好きなものを好きなだけ食べて飲む。

豊富に揃った魚を焼いたり、煮たり、揚げたり。魚料理には無限大に近い組み合わせがある。更には黒毛和牛もある。ストレートに焼くもよし、京都ふうのビフカツにするのもいい。もちろん野菜も地場産の新鮮なものが揃っているから、迷いに迷う。〆は寿司もあればチャーハンもできる。

店主は「京都ランチ倶楽部」という食べ歩きの会を主宰しているくらいだから、京の店情報にはめっぽう詳しい。そんな情報を仕入れるにも恰好の店。食べることが大好きな主人が作る料理にハズレはない。

ビフテキ　スケロク——観光地でのおひとり晩ごはん　【地図G】

京都旅の一日。どんな過ごし方をするか。考えることはみんな同じようで、午前と午後に分けて観光し、夕方いったん宿に戻ってから、夕食に出かける。おおむねそれは祇園や河原町、烏丸辺りの中心街。その日のうちに帰るならば、観光地から直行して、京都駅界隈で、ということになる。

そのパターンだと、市内中心部から少し離れた場所にある店へは、どうしても足が向きにくくなる。どんな名店があっても、わざわざ出向くのに二の足を踏んでしまうのが、おおかたのところだろう。

そこで少し考え方を変えてみると、店の幅が広がる。行きたかったあの店に、ためらうことなく行ける。

たとえば、京都旅で必ず誰もが訪れる「金閣寺」。ここを観光の最後として、そのまま近くの店で、おひとり晩ごはんというのはいかがだろうか。

閉門の五時まで拝観し、門前の土産物屋をしばらく物色した後、おもむろに店へと向かう。目指すは「ビフテキ　スケロク」。京都の洋食を代表する名店だ。

金閣寺前の交差点から、西大路通を南へ。数百メートルほど下ると、わら天神前の交差点に行きつく。ここから蘆山寺通を東へ歩き、二筋目を南に下ると店の看板が見えてくる。金閣寺から歩いておよそ十分。

閑静な住宅街の中にぽつんと建っている、一軒家レストラン。店の名が示すように、ビフテキ、すなわちビーフステーキを名物とする洋食レストラン。

小ぢんまりとしたレストランには、赤いテーブルクロスがかかったテーブルが整然と並んでいて、三席だけだがカウンターもある。その日の混みようによって、おひとり客はどちらかに案内される。席数の少ない人気店なので、事前の予約は必須。

店名には〈ビフテキ〉とあるが、ステーキの専門店ではない。夜のグランドメニューには、〈オムライス〉や〈ハヤシライス〉などの洋食屋さんの定番ライスものから、〈ハンバーグ〉や〈ビフカツ〉をメインにしたコース料理もあり、本格的な洋食を頃合いの値段で堪能できる。

或いは予約の際に予算と食べたいものを告げて、洋食のコースを作ってもらうことも可能だ。

1954年の創業からの看板メニュー、ビフテキ

とある夏の夜。シェフにおまかせしたら、こんな料理が出てきた。
オードブルは三種類。スモークサーモン、ポテトサラダ、胡瓜《きゅうり》のサラダ。どれも小さなサイズで、洋食のスターターとしては、ちょうどいい塩梅。もちろん僕はスパークリングワインを合わせる。
夏の夜のスープはビシソワーズ。丁寧に作られたスープがほどよく冷えていて、俄然食欲がわきあがってくる逸品だ。

その後は海老フライ一尾とクリームコロッケ一個。熱々サクサクのフライにレモンをきゅっと搾って、冷めないうちに、しかしじっくりと味わう。

続くはハンバーグとビフカツ。どちらもポーション少なめで、ドミグラスソースがたっぷりとかかり、濃密な味わいを満喫する。つけ合わせのサラダも王道をいく、オーソドックスなもの。

〆はえびライス。小エビを使ったえびピラフは、バターの味が効いた、懐かしい味わい。デザートのクラシックプディングまで食べて、満腹満足のディナー。おひとりさま歓迎の店で、洋食コースを満喫できるのは本当に嬉しい。

ほろ酔い加減でバスに乗って宿へ向かう。郊外の店ならではの帰り道。

神馬《しんめ》――本格居酒屋をひとりで愉しむ　【地図G】

居酒屋とはなんだろう。改めて考えてみると不思議な存在だ。割烹や小料理屋なら料理が主体だと分かるのだが、ならば居酒屋は酒が主体かといえば、そうでもないような店も多く存在していて、その違いは明確ではない。

最近の若い人はお酒を飲まなくなった。そんな声をよく聞く。その多くは居酒屋の主人の嘆きである。

――うちの料理は酒のアテを前提にして味付けしているので、酒を飲まずに、最初からご飯を頼むような人には不向きだと思うんですが――

たしかにそのとおりで、ご飯のおかずとして食べるには、居酒屋の料理はおおむね味が濃すぎるはずだ。

お酒を飲まないなら、居酒屋ではなく、そういう店に行けばいいと思うのだが。

――飲めないけど、居酒屋の雰囲気が好きだという、若いお客さんが増えてます――

居酒屋の主人は苦笑いするしかないようだ。

もちろん体質的にアルコールを受けつけない人は仕方ないが、やはり居酒屋に行けば、形だけでもお酒を愉しみたい。そんなことをわざわざ言わなくても、いつも店中の客が、和やかに、賑やかにお酒を愉しんでいる居酒屋があり、その店の名を「神馬《しんめ》」という。

一条千本を少し南に下った西側。かつては西陣の旦那衆御用達だったが、今では京都中どころか、全国からファンが集まってくる人気店。

ひと口に居酒屋といっても、廉価を売りにする全国チェーンもあれば、駅裏によくあるような立ち飲み居酒屋もある。基本的に居酒屋はおひとり客に向いてはいるが、居心地がいいかどうかは別問題。酔っぱらって大声で叫ぶ客がいる店も困るし、やたら親し気に語りかけてくる相客がいる店も、決して居心地がいいとは言えない。

今流行の言葉で言えば〈おとなの居酒屋〉なら、おひとり晩ごはんにぴったりだ。

「神馬」はまさにそんな店で、店の空気があたたかいうえに、客筋がいいから、ひとり客はふわりと店に包まれているような安らぎを得られる。

〈おとなの居酒屋〉は酒亭という言葉に置き換えられる。そしてその酒亭の必須条件として、豊富に揃ったメニューのどれを食べても美味しいこと。

この「神馬」を紹介して実際に店を訪ねた友人知人に、後でその感想を聞くと決まって返ってくるのが、すこぶる料理が美味しい、という言葉。××の料理なんて比べることすら無意味だとまで言い切る。ちなみに××は予約困難で知られる、京都でも有数の割烹店で多くが憧れる店。

厨房を囲むようにして設えられたカウンター席に座り、ぐるりと見渡せば、そこいら中にメニューが並んでいる。ボードに貼られた短冊、ホワイトボードに直書《じかが》きされた文字、大売り出しでよく見かけるような紙札などなど、それらを読むだけでお腹が鳴りそうなほど、旨いもんが溢《あふ》れる店。

季節の海の幸は、造り、焼き、煮魚と、なんでもある。にしん茄子や酢の物、きずしといった居酒屋の定番も無論のこと品書きに載る。京都らしくビフカツなんかもあれば、合鴨ロースやすっぽん鍋もある。この中から何を選ぶか。この店の最大の愉しみは、メニュー選びに迷うことかもしれない。

あれも食べたい、これも食べたいと思いながらも胃袋はひとつ。じっくりと燗酒を愉しみながら、食べた気になるのも悪くない過ごし方。京都を代表する名居酒屋でのおひとり晩ごはん。おとなだけの愉しみである。

串揚げ toshico――隠れ家串揚げ　【地図A】

京都に限ったことではないが、おひとり晩ごはんにはカウンター席が似合う。できれば目の前で調理され、それをきっかけとして、カウンターを挟んでの会話が交わせれば嬉しい。おひとり晩ごはんの最大の敵は、手持無沙汰の時間。ぽつんとひとり取り残された感があると、愉しいはずの夕餉が侘しくなる。

カウンターの内側で作られた料理を外側で食べる。和やかにことが運べばいいのだが、ときには重苦しい雰囲気になることもある。

とある鮨屋でのこと。食事を始めてから終わるまで、目の前で鮨を握る主人はひと言も言葉を発せず、一度たりとも笑顔を見せなかった。居並ぶ客たちも沈んだ表情のまま上がりを飲むという、残念な結果に終わった。

この鮨屋はいつもそうなのかと言えば、決してそうではなくて、常連客のブログなどを見ると、満面に笑みを浮かべ、ジョークを交えながら鮨を握る様子が投稿されているから、きっと気まぐれな主人なのだろうが、その場に居合わせてしまったら、一夜が台無しになる。

洛北高校の交差点近くに店を構える「串揚げ toshico」ならそんな心配は皆無。美味しい串揚げを食べながら、とびきり気分よく過ごせる店なのだ。

北大路通と下鴨本通が交わる交差点から、少しばかり北に上がった西側。古民家をリノベーションした建物は黒い外壁の隠れ家仕様。客を選んでいるような外観ながら、店に入ると一転、あたたかく客を迎え入れる空気が流れている。

太い梁《はり》が交差する吹き抜け空間にL字型のカウンター席が並び、その中がオープンキッチ

スタイリッシュな店内。ここでは串揚げとワインのマリアージュが粋である

ン。磨き込まれたステンレスが印象的だ。

串揚げ店の多くは、客がストップをかけるまで揚げ続ける方式がほとんど。ついつい食べ過ぎてしまい、後半は支払額を気にかけながら、となることもしばしば。

その点この店は本数が決まったコース方式なので安心。軽めなら串七本。しっかり食べるなら串十五本。もちろんお奨めは後者。

串揚げによく合うのはワイン。白、赤、シャンパーニュ、すべてグラスでオーダーでき、クオリティーに比べて値付けは良心的だ。ワインを注文して、串が揚がるのを待つ時間は串揚げ店の醍醐味。

カウンターにセットされているのは、生野菜、四つに区分けされたソース入れ、薄いパンが敷かれた串置き皿。

十五本の串が、目の前で順番に揚げられ、パンの上に置かれる。余分な油をパンが吸ってくれ、串先が向けられたソースをつけて食べるというシステム。

〈車海老〉をはじめとして、串揚げの定番ネタと、旬の食材を取り合わせた変わりネタが交互に揚げられ、どれもひと手間かけた串がとても美味しい。だがこの店をお奨めするのはそれだけではない。

きわめて清潔に保たれたキッチンにはオーディオセットが鎮座し、壁面にはレコードコレクションが並んでいる。そしてその音楽に合わせ、踊るようにして串を揚げていくのである。浮き浮きしながら揚げている様子を見ると、客も愉しくなり、つい一緒にリズムを取りながら串を口に運ぶ仕儀となる。

箸休めならぬ串休めの小鉢や小皿料理、オリーブオイルを添えたバゲットが、串揚げの合間に出され、〆にはお茶漬けふうの串まで。串揚げももちろん、串の合間も愉しい店。おひとり晩ごはんにはうってつけの串揚げ屋である。

イン ザ グリーン――植物園の真ん前で伸びやかなおひとり晩ごはん　【地図A】

おひとり晩ごはんとなれば、どうしても小さな店に足が向いてしまう。

大きな店はたいてい、家族連れだとか友人どうしなどが、わいわいがやがや愉しく食事をしている姿が目立つので、ひとり客は気おくれしてしまう。

寂しそうに見えるのではないか。家族も友達もいない可哀そうな人だと思われているのではないか。自殺する前の、最後の晩餐を食べているように見られていないか。などなど、いろんなことが気になる。他人の目を意識しすぎてしまうのである。きっと誰もそんなこと気にもかけていないのだろうが。

他人の目を意識するのは、そこが店の中という閉ざされた空間だからで、オープンスペースなら傍目《はため》は気にならないはずだ。

完全なオープンスペースというわけではないが、限りなくそれに近い開放感のある店。それが「京都府立植物園」に隣接した「イン ザ グリーン」。

京都市内唯一の植物園である「京都府立植物園」は１９２４年開園という、長い歴史を持つ由緒正しい施設。第二次世界大戦後の十二年間は連合軍に接収されるという苦難を経て、１９６１年に再開された。

西側は賀茂川と隣り合い、豊かな緑の中を散策できる貴重なスペース。

温室も擁し、多種多様な樹木や貴重な草花を園内に広げていて、通年愉しめるが、春の桜、秋の紅葉も見事なことは存外知られていない。桜や紅葉の穴場を尋ねられれば、必ずこの「府立植物園」をお奨めしている。

京都府民憩いの場であると同時に、観光名所としても旅人に人気の「京都府立植物園」は三つの出入口を持ち、そのうちの〈北山門〉のすぐ傍《そば》にあるのが「イン ザ グリーン」というピッツェリア。

とにかく広い店である。屋内屋外合わせて百二十席あるというから、見渡す限りテーブルと椅子が並んでいる。シーズンともなれば満席になり、店の中は人で埋まる。しかも大きく取られた窓には植物園の緑が溢れ、テラス席はオープンスペース。

となれば、ひとり客がいようがいまいが、誰も気にしていない。心安らかにおひとり晩ごはんを愉しめるというわけだ。

地下鉄烏丸線北山駅からすぐ。植物園の入口前にあり、開放的

カウンター席、テーブル席、冬でも使えるテラス席とバリエーションがあり、案内された席に着くのがいい。どこに座っても店に溶けこめる。

北山通の夜景、植物園の緑、どちらもおひとり晩ごはんの目を愉しませてくれる。

ここはワイン片手に、がふさわしい。数十種のワインが常備され、スパークリングワインでもグラスで飲めるのが、ひとり客には嬉しい。

ピッツェリアだから基本的にメニューはイタリアンだが、欧風料理全般、豊富な品揃えだからメニュー選びに迷う愉しみもある。グループ客が多いせいもあり、ボリュームは少なくない。分量を尋ねてからオーダーしたい。

オリーブやサラダなどを前菜にして、〈フィッシュ&チップス〉か、〈仔牛のカツレツ ミラノ風〉をメインにするのが僕のお奨め。お腹にゆとりがあれば、薪窯で焼き上げるピッツァも是非食べておきたい。シンプルな〈マリナーラ〉がいい。ニンニクとバジルの香りが効いていて、ワインのお代わりは必定。

闇に浮かび上がる緑、北山通を行き交う車のライト。そんな眺めもいいが、大勢の人々が愉しく食事をする様を、ぼんやりと眺めるのも心が安らぐ。

小さな店とはまた異なる空気を愉しみながら、伸びやかな気持ちで食べるおひとり晩ごはんも是非一度。

第4章　地元民気分で味わう

サフラン　サフラン——町家造りの一軒家レストランでカジュアル洋食を　【地図C・D】

京都における洋食レストランのサードウェーブは、この店から始まったと思う。烏丸仏光寺を東に入って、仏光寺通をしばらく歩くと、ウッディーな外壁の店が見えてくる。夜ともなれば、ひときわ明るく照らされる店の名は「サフラン　サフラン」。昼も夜も地元客でいつも賑わっているレストランだ。

とかく重くなりがちな洋食屋だが、内装は軽やかで、店の中を流れる空気も真綿のようにふわりとやわらかい。

洋食屋と言えば、年輩のシェフが腕をふるっていて、いつも気難しい顔をしているようなイメージがあり、多くはボリューム満点の料理で、若い女性がひとりで店に入るのは抵抗があっただろうと思う。京都の洋食屋も例外ではなく、おしゃべりしながら寛《くつろ》いで食べるというより、黙々と食べてさっと帰る、といったふうな店がほとんどだった。

カフェほどには軽くならず、老舗洋食屋のような重さはなく、しかし基本に忠実な美味しい洋食が食べられる店が近年、京都に次々と誕生しているのはとてもいいことだと思う。

花街洋食から街場洋食へ、そして今カジュアル洋食へと、京都の洋食は連綿と受け継がれている。

店に入って、一階は十席ほどのカウンター。こちらも洋食屋というより、カフェっぽい雰囲気で、おひとり晩ごはんならここが最適。

急な階段を上った二階は、四人がけのテーブル席が四卓と、掘りごたつ式になった座敷席が三組ほど。低い天井に太い梁が走り、元は昔ながらの京町家だったことが見てとれる。

軽やかなのはメニューも同じで、ご飯とスープ、サラダがセットになったメニューがたくさんあって、ディナータイムでも、定食ふうに食事を愉しむ客が少なくない。それはある意味で、おひとり晩ごはんにはありがたいことであって、ランチタイムにはひとり客が目立たないのと同様、この店では夜でもひとりごはんを、周囲を気遣うことなく、気楽に食べられるのだ。

よくよく考えてみれば、これまでこういう店はなかったような気がする。

ランチタイムには、メイン料理にご飯と味噌汁をセットにしたメニューを載せていても、ディナータイムともなれば、お酒と一緒に愉しむことが前提となる。単品で注文を受けることがほとんどで、要望があればライスはつけるものの、味噌汁をディナータイムのセットに加える店は珍しい。

女性や若者で賑わう店。オーソドックスな洋食が食べられる

つまり「サフラン サフラン」は終日、洋食堂としての存在を貫いていて、夜はワインを飲みながらの洋定食を愉しむ、というスタイルの店なのだ。

僕は仕事をしながらの夕食なので、二階のテーブル席を使わせてもらう。周りはカップルがほとんどで、あとは家族連れ、女性グループ。男性だけのグループをこの店で見かけたことは一度もない。完全禁煙なのと、懐にやさしい価格設定、料理の内容だからだろう。店の雰囲気を作るのは客。女性客が多い洋食屋は、その味までもがフェミニン。

ハンバーグ、海老フライ、クリームコロッケなどオーソドックスな洋食が、ちゃんと美味しい。加えて一品だけでなく、二品、三品を組み合わせたコンビネーションメニューがあるので、あれもこれも食べられる。僕はご飯セット抜きでこれらをワインのアテにし、〆にカレーライスかオムライスを頼む。満腹、満足の洋食ディナーを格安価格で愉しめるのは何より嬉しい。

【地図C】 Bistro WARAKU 四条柳馬場《しじょうやなぎのばんば》店——目でも愉しむ鉄板ビストロ

ビストロという名称が、はたしてどういうジャンルの店を言うのか、僕にはよく分からないのだが、ざっくりと言えば、料理を主体とした洋風の居酒屋と解釈しても間違ってはいないようだ。

同じように見えて、料理よりも酒に主体を置くとバルになるのか。これは中《あた》らずと雖《いえど》も遠からずか。

四条界隈にはビストロやバルがひしめき合っていて、失礼ながら、どこの店も似たような店構えで、メニューもほとんど同じだ。

そんな中で、オープンキッチンの鉄板を使って、いっぷう変わったメニューで人気を呼んでいるのが「Bistro WARAKU 四条柳馬場店」。その名のとおり、四条柳馬場を北へ上がってすぐのところにある。

さほど広くない間口に対して、奥へ長く延びる鰻の寝床。

店に入って左側にオープンキッチンがあり、それに沿ってカウンター席が並ぶという、京都によくある店の造り。ひとり客ならカウンターか、右手のテーブル席。カウンター席は喫煙可なので、たばこが苦手ならテーブル席へ。

目の前の鉄板で、ガーリックチップと牛肉を焼く

定番メニューと日替わりメニュー、合わせても、それほど品数は多くないが、必要にして充分。食べたいものは、だいたいメニューに載っている。

スターターには〈野菜スティック〉がお奨め。契約農園直送の新鮮野菜は、野菜嫌いの僕でも、思わずうなるほどに美味しい。そして見るだに美しいのもポイントが高い。野菜嫌いになるのは、多くはそのビジュアル。色鮮やかな野菜は食欲をそそる。マヨネーズディップをつけて食べると、いくらでも食べられそう。

京都らしく、柴漬けと合わせたポテトサラダも前菜になる。

せっかく目の前に鉄板があるのだから、そこで焼いてもらうのがいい。

最初はシーフード。旬の魚はバターでカリッと焼きあげると、実に美味しい。甘鯛だとか、秋刀魚だとか、夏なら鱧もあったりして。季節によって味わいの変わるソースをつけて、鉄板ビストロならではの醍醐味だ。

秋の夜には、〈秋刀魚の香草パン粉焼き〉なんていうメニューもあって、酢橘《すだち》を搾ると、和食のようにさっぱりとした味わいで、ここがビストロだということを忘れてしまいそうになる。

しかしながら、鉄板ビストロが本領を発揮するのは、やっぱり肉。ここでは銘柄牛はいらない。どこ産の肉であっても、心を込めて、分厚い鉄板で焼けば、ここまで美味しくなる。そんなお手本を示してくれる店だ。ガーリックチップをリクエスト。牛肉とニンニクの相性もたしかめ、それを目の前の鉄板で繰り広げられるパフォーマンスと共に味わう喜び。

そしてこの店の真骨頂と言ってもいいだろう、〆のオムライス。お腹にゆとりがあるならレギュラーサイズ。少しばかりきつくなってきたら、ハーフサイズをリクエストしよう。

ランチにオムライスというセレクトは珍しくないが、ゆっくり飲んでのディナーの後では、存外少ない。今流行りのふわとろ系ではなく、かっちり巻いたオムライスが嬉しい。〆はオムライスだけではなくて、ひとり用のパスタやリゾットも作ってくれる。ただしそれは、タイミングが合えば、という条件付き。

どこまでも、ひとり客は運と熱意次第なのである。

Ittetsu Grazie──〈肉の階段〉をひとりで上る 【地図C】

近年の京都は時ならぬ肉ブーム。牛肉をメインにして、肉料理を売り物にする店が次々とオープンしている。

熟成肉、牛肉懐石、レアビーフカツなどなど、これまでにないジャンルを開拓したり、或いは一頭買いの肉を使って、品質を上げたりと様々に工夫を凝らした店造りをしている。

これらニューオープン店の特徴は、女性でも入りやすいように、スタイリッシュなデザインを施したり、女性を意識したメニュー構成にしていること。更にはひとり客にも対応できるような店造りも、既存の店にはなかったスタイルだ。

京都旅では、美味しい肉をおひとり晩ごはんで、という流れができつつある。

四条高倉上がる。「大丸」の少し北に店を構える「Ittetsu Grazie」などはその典型とも言える。

界隈は飲食店がひしめき合う激戦区。いかにして目立つかを競い合うなか、この店の控えめな佇まいが好ましい。

表構え、店内の雰囲気は、バルというよりも英国のパブをも思わせるシックな造りで、テーブルに組み込まれた焼網がなければ、焼肉メインの店にはまったく見えない。

店に入ると、左右に四人がけのテーブル席が並び、少し奥まったところの右手にカウンター席が設えられてある。ここがおひとり晩ごはんの特等席。基本はカップルシート仕様だが、ひとり客も快く迎え入れてくれる。

この店ではワインをお奨めしたい。赤白ともグラスワインは上質で、スパークリングワインもグラスになみなみと注いでくれるのが嬉しい。ひとりなら、最初にスパークリングワイン、あとは赤ワインをデキャンタで、というパターンがいい。

これが通称〈肉の階段〉。一人前からもオーダーできる

「いきなり！ステーキ」という店があるくらいだから、いきなり焼肉でもいいのだが、健康を気遣って、ベジファーストといきたい。

僕はいつも〈ピクルス〉と〈パクチーサラダ〉を最初に頼んでから肉をオーダーする。パクチーは近ごろブーム化しているようだが、十年以上も前からのパクチーファンとしては、何を今さら、と鼻白んでしまう。カメムシみたいな匂いだと揶揄《やゆ》されようが、エスニック料理には欠かせないパクチーをむさぼり食べてきたが、焼肉との相性もすこぶるいいことを、この店で初めて知った。

この店の名物となっている〈グラーチェ盛合せ〉。通称〈肉の階段〉は、らせん階段ふうに設えられたガラスの器に、その日のお奨め肉が数種類盛り付けられている。いかにも女性好みの仕掛けだが、男でもこれは愉しい。焼肉専用のパンとタレがついていて、焼いた肉をパンと一緒に味わうという試み。僕はここにパクチーもどっさりのせて食べるのだが、ここでしか味わえない焼肉で、ワインとの相性もぴったりだ。

見た目に美しく、食べて美味しい〈肉の階段〉は一人前からオーダーできるので、おひとり晩ごはんには恰好の焼肉となる。

〈ロース〉〈カルビ〉〈ハラミ〉〈タン塩〉などおなじみの焼肉メニューも手ごろな価格に比して、しっかり旨みが乗っているので、焼肉の醍醐味は充分味わえる。

〆には定番の〈韓国冷麺〉や〈ビビンバ〉もあるが、〈炙り寿司〉をお奨めしたい。〈赤身肉〉と〈トロ肉〉があり、それぞれ一貫からオーダーできる。一貫ずつ食べるとお腹もいっぱいになる。京都で食べる肉は美味しい。そう実感できる店だ。

アポロプラス——上質な居酒屋でおひとり晩ごはん　【地図C】

繰り返し書いていることだが、居酒屋と料理屋の区別が難しくなっている。お酒を飲むことが主体であれば、料理はどうあれ居酒屋というくくりになるのだろうが、あまりに料理が上質だと居酒屋と呼ぶことがはばかられる。それはどうやら、世間一般の空気として、居酒屋より料理屋のほうが上等だとされているからで。

——うちは居酒屋じゃありません——

そう主人が言いきれば、稚拙な料理を出す店でも料理屋と言わざるを得ない。そういう意味では申告制の色合いが濃い。

どんなに上質な料理を出していても、

——うちは居酒屋です——

と自ら断言する店があり、そこの居心地の良さといえば、京都屈指である。

——アポロプラスは居酒屋です。割烹や料理屋、そして

ある日のメニュー。牡蠣やふぐなどこだわりの素材を出すが、あくまでも「居酒屋」

BARでもありません。人と人が集まり笑顔で会話が弾み、美味しい料理と旨い酒が楽しめる居酒屋です――

三条通に店を構える「アポロプラス」のホームページにはそう記されている。

外階段を上って、二階が店の入口。

席は二階と三階に分かれていて、テーブル席、ボックス席、掘りごたつ式になった個室など、比較的大きな店だが、おひとり晩ごはんならもちろん二階のカウンター席。

ゆったりと広めに設えられたカウンター席は、木肌を生かし温もりを感じさせてくれるが、席数はわずかに六つなので早めに予約したい。

日本酒、焼酎、梅酒にワインと、豊富に揃った種類の値付けがリーズナブルなのも居酒屋の居酒屋たる所以《ゆえん》。

料理も気軽なおばんざいから、黒毛和牛の網焼きステーキ、パスタに至るまで豊富なバリエーションで、冬場にはふぐ料理もメニューに上る本格派。居酒屋とは思えない料理で客の舌を喜ばせる。

さてこの「アポロプラス」。京都人には馴染みの深い店で、かつて上賀茂神社近くにあった「アポロ」の後継店的存在なのだ。

西賀茂の「まんざら亭」、上賀茂の「アポロ」は当時の洛北二大人気居酒屋で、どちらもその流れを汲む店が健在なのは、京都人にとっては嬉しい限り。

その上賀茂のころからの人気メニューが僕のお奨め。

まずは〈きゅうりのたたき〉。さっぱりとしたきゅうりと、添えられた赤味噌の取り合わせは、時代を超えた定番メニュー。そして是非食べてみて欲しいのが〈アポロ特製餃子〉。いかにも手作りといったふうな小ぶりの餃子が六個。カリッとした皮と、ジューシーな餡《あん》のバランスが絶妙で、小鉢に入ったタレをつけると幾つでも食べられそうに旨い。

ただ懐かしいだけではなく、派手さはないものの間違いなく美味しいのは〈かぼちゃの春巻〉。これもまた上賀茂時代からのメニュー。味付けカボチャをこなし、春巻きの皮で包んで揚げただけのものだが、これがしみじみと美味しい。

上賀茂産の野菜をふんだんに使ったサラダもあれば、〈関サバ塩焼き〉もある。産地や調理法にこだわることなく、旨いものを出す。その潔さが身上の「アポロプラス」。真っ当な居酒屋とはどういう店をいうのか。その答えを見つけての、おひとり晩ごはんは意義深い一夜となる。

京極スタンド――老いも若きも　みんなのオアシス　【地図C】

四条新京極上がる。修学旅行生をはじめとする観光客と、地元京都人が入り交じり、いつも賑わっている界隈。通りの両側には、土産物屋、飲食店、ブティックなど、雑多な店がぎっしりと軒を並べる。

そんな中で、ひときわ賑わいを見せているのが「京極スタンド」。どうジャンル分けすればいいのか、迷うほど多彩な顔を見せる店。

正午の開店を待ちかねていたかのように、近所のご老人方が早足で店に入る。お目当ては昼酒だろう。

その後を追いかけるように、修学旅行生のグループがなだれ込む。こちらの目当ては、ボリュームたっぷりのランチ。

ご老人たちにとっては居酒屋だろうし、修学旅行生にとってはお値打ち食堂。いくつもの顔を持つ「京極スタンド」だが、おひとり晩ごはんにも恰好の店なのである。

店に入って右側には、奥まで延びる長いカウンター席がある。このカウンターはちょっと変わった造りになっていて、幅広のカウンター席は、向かい合って座るタイプだ。

そして店の左側には円形のテーブル席がいくつか並び、こちらは大きめの造りなので、相席が原則になっている。

僕がなぜこの店を、おひとり晩ごはんにお奨めするかと言えば、まずはこの店の造りである。右側のカウンター席も、左側のテーブル席も、どちらもまったくといっていいほど、ひとり客が目立たないのだ。

おひとり晩ごはんにとって、これはとてもたいせつなことなのである。


自意識過剰と思われるかもしれないが、おひとり晩ごはんの最大の敵は、他人の目である。カップル、グループ、ファミリーと、談笑しながらの食事に比べて、おひとり晩ごはんは、どうしても暗く見える。当の本人はまったくもって、暗いとは思っていないのだが、他からはそう見えてしまう。

おひとり晩ごはんを愉しんでいるんですよ、と言い訳するわけにもいかないのが悔しい。他の国ではどうなのか分からないが、日本ではまだまだ、おひとり晩ごはんは認知されていない。

そこでこの「京極スタンド」。客どうしが入り乱れることも少なくなく、誰と誰が相客なのか、誰がひとり客かどうかを判別できないのだ。これはおひとり晩ごはんにとって、実に

ハムかつやホルモン焼きなど、「これぞ酒場」という単品メニューが勢揃い

気持ちが軽くなるのである。

もちろんそれだけでお奨めするわけはなく、多彩な料理は何を食べても美味しく、かつ値段も手ごろで、更には京都らしい料理もたくさんあって、万人に向く店だ。

飲み物も多彩で安い。ソフトドリンクは自販機で買うのと変わらないほどの価格。特にこだわることなく、日本酒、焼酎、ビール、ワインと、ひと通りの酒類も揃っている。

とにかくメニューが多い。和洋中なんでもある。それも、ちょっとしたおつまみ系から、肉、魚、メインになる料理もいくつもあって、麺類やご飯ものなどの〆系も豊富に揃う。

誰に気兼ねすることなく、好きなものを好きなだけ食べて飲む。京都で最も気安く食事ができる店。おひとり晩ごはんにも最適である。

まんざら亭　烏《からす》丸《ま》七条《しちじょう》——路地裏居酒屋の愉しみ　【地図F】

1985年だから、今から三十年以上も前、京都の西賀茂に一軒の飲食店がオープンした。

繁華街でもなく、風光明媚な地でもない。まだ家もまばらな新しい住宅街の一角に開店した店の名は「まんざら亭」。

ざっくりと言えば、若者向きの居酒屋。今なら和食ダイニングという言葉があるが、当時はジャンル分けすることもできない業態で、大げさに言えば、京都中からお酒好きの若者たちが集まってくる人気店だった。

僕も足しげく通ったクチで、夜な夜なといってもいいほどに店を訪れ、地酒と創作和食の取り合わせを愉しんだ。

時は流れ、今や十一軒ものグループ店を擁するまでに至った「まんざら亭」。チェーン店のように見えて、それぞれの店で料理も違えば、雰囲気も異なる。

中で僕が特にお奨めするのは「まんざら亭　烏丸七条」。

京都駅の中央口を出て北へ。ヨドバシカメラを過ぎ、ダイワロイネットホテル京都駅前を越えたら、細道を左、すなわち西に折れる。いくらか妖しさを湛《たた》える道を進むと、やがてリド飲食街が右に見え、そのすぐ西側にほのかな灯りの路地灯を看板代わりにしているのが「まんざら亭烏丸七条」。初めて訪れると必ず迷うほど、見つけにくい場所にある。

実はこの店、七条通に面して建っているのに、入口はあえて裏路地だけという造り。そこにも店の姿勢が表れている。

入口を入り、細く奥に長く続く通路の突き当たりが、おひとり客用のカウンター席。厨房の横を通り抜けるのは、いかにも隠れ家らしい造り。

八席のカウンター席、一番奥は七条通に面した窓際席。ここはカップルに譲るとして、おひとり客なら一番手前の席へ。僕はいつもここに座る。


定番のメニューブックの他に、その日のお奨めメニューがあり、見比べながら食べたいものを探す。

京都を中心とした日本酒はもちろん、ワインもひと通り揃っていて、僕の好きなスパークリングワインもある。

お酒のオーダーを済ませると、まずはお通しが出てくる。洒落《しやれ》た器にたいてい三種の肴が盛られていて、これをつまみながら、メニューブックとにらめっこ。

僕の定番は、京都の名高い豆腐屋「近喜」の冷奴。ひとりなのでハーフサイズにしてもらう。でないと豆腐だけでお腹が膨れてしまう。そのあたりも、この店をお奨めするゆえん。

無論すべてのメニューではないが、可能な限りはハーフポーションというワガママを叶えて

ワインは手ごろな価格帯で種類もある

くれる。

肉じゃがやきんぴら、ポテトサラダといった居酒屋の定番メニューは、どれも手作りでやさしい味わい。春はたけのこ、夏は鮎や鱧、秋には秋刀魚、冬には蟹やフグなど、季節の食材を使った日替わりメニューも豊富で、どの料理もひと工夫されていて、本当に美味しい。かつ値ごろ。

あれこれ食べて、しっかり飲んで、最後に〆をとなれば、恰好の料理が用意されている。それは釜めし。

注文が通ってから炊き上げるので三十分ほどかかるが、待つ価値は充分にある。僕はたいてい鰻。ほくほく熱々のご飯を釜から掬って食べると、しあわせ気分が込みあげてくる。路地裏にひそむ名居酒屋である。

ビストロ　スミレ　チャイニーズ――おひとりさま限定メニューは超お値打ち　【地図C】

おひとり晩ごはんで、焼肉と並んでハードルが高いのは中華料理ではないか。

アラカルトはおおむね二、三人用の小サイズか、四、五人用の中サイズしかメニューには載っておらず、ひとり用のミニサイズなど論外といったふうだ。

ではコース料理ならいいかと思えば、ほぼすべてが〈二名様より〉と但し書きが添えられていて、ひとり客は途方に暮れることとなる。

つまり真っ当な中華料理をひとりで食べることは、店にとって想定外なのである。たしかに中華料理といえば、回転式の円形テーブルを大勢で囲むスタイルが、まず頭に浮かぶくらいだから、無理もないのかもしれない。

ひとりで中華を食べたくなれば、街場の中華食堂の赤いカウンターに座るしかない。長くそうあきらめていたが、ここ最近、ひとり客にも対応してくれる中華料理屋が、京都の街なかにも出現し始めている。その代表とも言えるのが「スミレ」。木屋町通に面していて、四条通から少し下ったところにある。

木屋町通の店。四条通から北は若者向け、南はおとな向け、と棲《す》み分けられている。この店の前にはワインボトルがぶら下げられ、飲みながら食べられる店だということを知らせている。

京都らしい路地を抜けると店の入口がある。

広いオープンキッチンを囲むように、L字型のカウンター席が並ぶ。ここがおひとり様用の特等席。

さて、この店。ひとり客でも受け入れてくれる、を超えて、ひとり客専用のメニューがあるのだ。名付けて〈お一人様ＭＥＮＵ〉。なんとこのコースは、ひとり客でないと食べられないのだ。

時々によって内容は少し変わるが、基本的に品数は五つ。シェフお任せの前菜盛り合わせ、蒸し点心二種、揚げ物二種、そして主菜が二皿。これで二千五百円だから嬉しいではないか。

カウンターがあり、専用メニューもあるひとり客うってつけの店

晩秋のとある夜。鴨川を渡ってくる風がひんやり感じられるころは、こんな料理だった。

前菜三種は、ねぎまみれの棒棒鶏、意外な甘さがワインによく合うクラゲ、ピータンと貝の刻みサラダ。

蒸し点心は、〈ふかひれ餃子〉と、〈トマトとチーズの焼売〉。

揚げ物は、〈豚肉のアーモンド揚げ〉と、〈五目春巻き〉。

どれも目の前のオープンキッチンで調理されるので、出来立て熱々だ。

ひと皿目の主菜は、〈名物香港式釜焼きチャーシュー〉と〈青菜ガーリック炒め〉の二者択一式。僕は断然チャーシュー派だ。釜で焼くチャーシューは豚も鶏も、ひと味もふた味も違って、ワインのアテにぴったり。

ふた皿目の主菜は海老料理。〈エビチリ〉か〈エビマヨ〉。どちらかを選ぶ。

これだけ食べて、なんと二千五百円。充分満足できる量だが、物足りなさを感じたら、五百円プラスすれば、ハーフサイズの炒飯か、麺料理を追加できる。

僕はあっさり葱汁麺をオーダーした。ハーフサイズとはいえ、たっぷり中華料理を食べた後には充分すぎるほどのボリューム。

夏場には鴨川を見下ろす床店も出て、京情緒満点。贅沢なおひとり中華を味わえる隠れ家店だ。

第5章　一人でも贅沢に

ひご久《ひさ》──町家造りで、居心地のいい江戸前鮨屋　【地図C】

〈京の台所〉と呼ばれるも、今は雑多な食べ歩きストリートと化してしまった錦市場。かつてその中に、夜だけ二階で店を開ける鮨屋があり、ミステリー小説の中にしばしば登場させるほど、よく通った店だった。

だった、と過去形で書いたのは、先年惜しまれつつ店を閉めたからで、その理由というのが鮨職人には致命傷とも言える難病だった。

原因もよく分からぬ病は、鮨職人の手先、指先から自由を奪い、休業を余儀なくされた。鮨職人本人も、家族も、客も、医師までもが、再び鮨を握る日は来ないだろうと思っていたが、病を克服し、担当医に奇跡という言葉を使わしめるほどの見事な復活をとげた。

その鮨職人が新たに店を構える場所として選んだのが、名刹佛光寺の近くに建つ京町家だった。

仏光寺通、柳馬場西入る。古い長屋をリノベーションした店舗が数軒居並ぶ、ビストロ長屋のうちの一軒が「ひご久」。

店に入ると左手に厨房があり、それに沿って、奥へ真っすぐカウンターが続き、突き当たりには京都の町家らしい坪庭が見える。

以前の店にはカウンター席の他に、小さな座敷もあったが、新しい店はカウンター席のみ。広々とした空間に、ゆったりと座席が配されている。

いかにも京都らしい空間だが、鮨は江戸前をベースにしたオリジナルなもの。通い詰めて、店に慣れてくれば、あれこれと好きなものを注文するのもいいが、初めてのときは店にまかせるのが賢明だ。

ただ、大まかなリクエストは伝える。鮨屋の場合なら、つまみを多めに、とか、鮨だけで、など。或いは予算を告げて相談しておくのもいい。いずれにせよ、必ず予約してから出向きたい。

江戸前といえば、しんこ。京都らしい仕事を施した握りもある

それほど種類は多くないが、日本酒、焼酎、ワインと揃っているので、飲みながらの鮨、にも最適な店で、僕は例によってスパークリングワインをお供にして、「ひご久」ならではの鮨を愉しんでいる。

つまみ、造りに続いて、焼物が出ることもよくある。季節によって変わるが、夏なら鮎、冬ならブリ、或いはグジなど。焼魚が

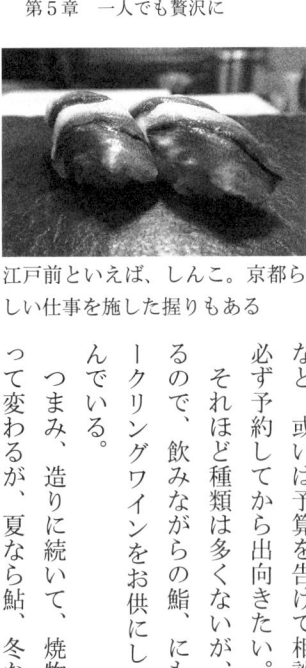

出ると、次はいよいよ鮨だな、という合図でもあったりする。

基本は本格江戸前だが、銀座の鮨屋のように極度の緊張感を強いることはない。しばらくのインターバルも好影響を与えたようで、その鮨は独自のスタイルを築き上げつつある。酢を効かせすぎず、ほんのりと甘みを感じさせるシャリ。ヅケマグロに粉山椒を合わせて、京都と江戸前の融合を試みたネタ。波切りの細工を施したイカの握りは、どことなく九州の鮨屋を思わせるなど、江戸前の枠にとらわれない鮨で、客の舌を愉しませる。

江戸前鮨の店というと、とかく怖がられがちだが、柔和な女将のおかげもあって、この店はまったく威圧感がなく、肩の力を抜いて鮨を愉しめるのが嬉しい。

難しい病を得て、それに打ち克《か》ったことで、より一層の精進を重ねてきたからだろう。鮨は手で握るのみならず、心で握るもの。「ひご久」の鮨を食べると、いつもそう感じるのである。

花遊小路《かゆこうじ》　江戸川——鰻の串焼きをカウンターで　【地図C】

おひとりごはんで鰻、となれば、どうしても昼のイメージが強い。

匂いにつられて鰻屋に入り、鰻丼を注文する。鰻が出てくるまでに時間がかかるのは鰻屋の常。

小半時ほども待って、食べるのはあっという間だ。丼ものはさっさとかっ込んだほうが美味しい。近年の価格高騰で、かなり値は張るが、食後の充足感は鰻ならではのもの。お腹も気分も満ち足りて、さて午後の行動開始、となる。

これがしかし晩ごはんだとすると、いかにも間が持たない。だらだらと鰻丼を食べるわけにはいかず、かといって、ひとりで鰻《う》ざく、白焼き、鰻巻き、蒲焼きとご飯、などとコース仕立てにすると、相当な高額支払いを覚悟しなければならない。

看板には大きな「う」の文字が。若者で賑わうエリアにある

とは言え、鰻丼だけの夕食というのも、どことはなしに物足りない。

鰻をつまみにして、ゆっくりと酒を愉しみ、最後は小さな鰻丼で〆る。そんな理想的な鰻の晩ごはんを食べられる店が、四条河原町近くにあって、名を「花《か》遊《ゆ》小路《こうじ》　江戸川」という。

京都一の繁華街、四条河原町の交差点から、四条通を西へ。北側の歩道をしばらく歩くと、店舗の間に細い路地が見える。正確に言えば、路地ではなく辻子《ずし》なのだが、自転車も通らない細道が入り組んでいて、その中ほどに店がある。少々分かりにくい場所だが、鰻屋を見つけるには、匂いをたどればいい。

暖簾をくぐって、まず目に入るのはオープンキッチンを囲むL字型のカウンター席。当然ながらオープンキッチンの中では、炭火で鰻が焼かれていて、それを間近に見ながら食事ができる一等席だ。

カウンター席を備えた鰻屋というのは、そう多くないと思うが、ひとりごはんには強い味方となる。

カウンター席がありがたいのは、ひとり客でも目立つことなく食事ができること。昼ならともかく、夜のテーブル席でぽつんと座っていると、どうしても寂しげに見えてしまう。

カウンター席のもうひとつのメリット。それは調理の様子を眺めていると、間が持つということ。更には料理人と会話を交わせるから気もまぎれる。

「花遊小路 江戸川」は歴史ある鰻屋だから、当然ながら鰻重や鰻丼も品書きに載っているが、ここには鰻の串焼きという名物メニューがあり、焼鳥ならぬ焼鰻をつまみながら、お酒を愉しむことができる。

おひとり晩ごはんに最もふさわしいのは串ものであり、鰻も串焼きになれば、俄然似合ってくるのだ。

東京には鰻の串焼き専門店があるようだが、京都にはおそらく他にないだろう串焼き。〈かぶと〉〈きも〉〈しろばら〉〈くりから〉など、この店でしか味わえないような串焼きがメニューに並ぶ。味付けもそれぞれ異なるので、飽きることなく、焼鰻のバリエーションを愉しめる。

鰻のタレを使った〈うなだれサラダ〉や、〈鰻煮こごり〉、〈ほねせんべい〉といった珍味も織り交ぜ、日本酒やワインと一緒に愉しんだ後、〆はやはり鰻丼。

〈うなぎのミニ丼〉はミニサイズながら、しっかり蒲焼きものっていて、〆にはちょうどいい塩梅。あっさり派なら〈うなぎ茶漬け〉がいい。

江戸風のふんわり鰻。鰻好きに是非ともお奨めしたい店である。

鮨かわの——洛北人になりきって江戸前鮨を味わう　【地図A】

「鮨かわの」は絵に描いたような路地裏の名店である。

だがこの店は、最初から「鮨かわの」という屋号だったわけではなく、店の名としては三代目になるのだ。

洛北下鴨の住宅街。府立大学前の交差点から少し西へ。北大路通から斜めに延びる細道に、小さな鮨屋ができたと聞いて、すぐに駆け付けたのは、はたして何年前だったか。期待を上回る素敵な鮨屋で、幾度となく通い詰めた。

住宅街の中の鮨屋というと、昔ながらの古風な店を思い浮かべるが、ここはシンプルモダンなデザインで、過剰な装飾も一切なく、ショットバーのような潔い造りが、居心地の良さを生み出していた。

訪れる客のほとんどすべてが、洛北に住まう地元の人間で、顔見知りに出会うこともしばしばだった。

「楽家《がくや》すし」という屋号で、本格江戸前鮨が主体ながら、旬の魚を使った酒肴の数々が愉しく、我が家から歩いて十分ばかりで暖簾をくぐれることもあり、数えきれないほど通ったが、拠所《よんどころ》無い事情があって店仕舞いをした。

地元洛北人を中心に、閉店を惜しむ声がようやくおさまったころ、店の名が変わって復活した。

店の佇まいはまったく同じで、料理の内容もほぼ「楽家すし」と同じだったが、いくらか高級路線に転換し、最後にお勘定するときには、少しばかり心拍数が上がった。それでも街なかに比べればリーズナブルといえなくもないうえに、歩いて行けるという気安さもあって、頻繁にとはいかないまでも、季節ごとに足を運ぶ店となった。

その店もやがて閉めてしまった。祇園の一等地へ移転したのである。

案内状をもらったので、場所柄きっと値上がりしているだろうなと思いながら訪ねてみたが、予想をはるかに上回る銀座値段に、身の丈に合わない店だと思って、二度と暖簾をくぐることはなかった。

それからほどなくして、店の主が代わって、新たな鮨屋となったと聞き、しばらくの間を置いてから、家人とふたりで訪ねてみた。

そのときの感想は、

――原点に戻った――

シンプルだが品のある店内。飲み物の値段もリーズナブルだ

だった。

二代目のときは、高級食材を頻用していたこともあり、いわゆる食通と呼ばれる人たちがカウンター席を占用することも多く、時には東京からわざわざ来たという客もいて、洛北人からは遠い存在になっていた。

三代目にあたる「鮨かわの」は、かつての「楽家すし」をほうふつとさせる空気が流れ、地元洛北人の笑顔が並ぶ店となった。

何よりうれしいのは、三代目にして、鮨のレベルが格段に向上したことである。いちいち産地を語ったりしないが、選りすぐりのネタだろうことは食べれば分かる。江戸前がベースとなる鮨だから、仕事を施してはいるが、それが過ぎることのない、素直な鮨である。

うんちくの代わりに、ご近所話。内装は以前のままだから「楽家すし」が戻ってきたような錯覚すら覚える。

ひとり旅の客人を快く迎える、誠実な主人の人柄もあり、京都でおひとりカウンター鮨デビューにも恰好の店。おまかせ価格も明記されているので、お勘定の際に心拍数が上がることは決してないのも、お奨めできる理由のひとつだ。

和食晴ル――旨いもんをあれこれ　【地図Ｃ】

北は四条通から、南は仏光寺通辺りまで。おおむね東は寺町通から西は西洞院通まで。このエリアには和洋織り交ぜて、多くの飲食店が点在している。京都一のビジネス街である四条烏丸の南側に位置することから、夕刻を過ぎたころから、次々とビジネスマンが吸い込まれるようにして、店に入っていく。

僕が最近の定宿としている「からすま京都ホテル」は、このエリアのほぼ真ん中にあるので、馴染みの店が増えつつあって、中で最も足しげく通い詰めているのが「和食晴ル」。綾小路通と高倉通の南西角に建っている。

如何《いか》にも割烹、というような店構えではなく、表から見ただけでは飲食店には思えないような不思議な外観。レトロなガラスの嵌《はま》った窓が懐かしく、店に入った瞬間から心が和む。L字型のカウンター席だけで、テーブル席がないから、おひとり晩ごはんには打ってつけの店だ。

八条口の「燕 en」と同じく、割烹のニューウェーブとでも呼びたくなるようなメニュー構成。

ベースはもちろん正統派の和食だが、オリジナルのポテトサラダや、ビフカツなど、王道洋食も店の名物になりつつある。

京都の割烹は今、大きくふたつに分かれつつある。

ひとつは言うまでもなく、おまかせコース一本鎗の高額割烹で、その多くは予約困難の人気店になっている。ひと月前くらいならまだましなほうで、三か月、半年、ひどいところは一年も前に予約しないとカウンターに座れないという、異常な状況に陥っている。

陥っている、というより、作り出されている、というほうが正しいかもしれない。店と客に加えて、メディアが加担して、人気沸騰店を生み出すのが、今の京都の歪んだ割烹業界。

決して充分とは言えない修業期間を経て、市内の一等地で開業し、あっという間に予約困難の人気割烹となる。ほんの十年ほど前には考えもしなかった、京都の割烹業界。いつバブルが弾けてもおかしくない。

行列の長さと同じく、予約の困難度と店の価値とは、まったく比例しないことだけは断言しておこう。

ふたつめは、アラカルトを主にして、席さえあれば直前の予約でも受け入れてくれる店。

たとえばこの「和食晴ル」。

とある年輩の和食料理人がこの店を訪れて、ぽつりと、こうつぶやいたという。

――わしも、こういう店をやりたかった。いや、こういう店の客になりたかったんやから、これでええんか――

この店を言い表すに、これを超える言葉はないように思う。

熟達の料理人をして、客になりたかった、と言わしめる店。その根底に流れているのは、好きなようにあれこれ食べられること。旬の食材は言うに及ばず、定番となるような酒肴も工夫を怠りなく、常に旨いものを揃えて、客を待ち受ける。

客に押しつけるでもなく、毛頭、媚《こ》びるわけではなく、しかし客の願いを可能な限り叶える。本来の割烹の姿を色濃く残し、しかしあくまで今の時代の料理を作り、地元客にも喜ばれ、旅人にも京都を感じさせる。

夏場には鮎を焼く芳ばしい香りが漂い、冬ともなれば、おでんの濃密な匂いが店中に流れる。この店の客となる喜びを是非味わってほしい。

自家製のからすみと鴨の生ハムは
日本酒のぬる燗によく合う

洋食の店 みしな——京都の洋食を極める店 【地図E】

京都の洋食がなぜ美味しいか。それには長い歴史をたどらねばならない。

鎖国を解いたころ。洋食といえば、外国との交流が盛んだった港町で発展してきたという一面がある。横浜や神戸がその代表で、無論のこと、今もそこには美味しい洋食屋がある。

ではなぜ、港町でもなく、海から遠い京都の洋食が、優れて美味しいのか。

幕末に活躍した志士のひとりに、坂本龍馬がいる。土佐で生まれた龍馬は紆余曲折を経て、長崎を訪れ、やがて伊良林という場所に居を定め、日本最初の商社といわれる〈亀山社中〉を結成する。

その伊良林の地に、日本最初の洋食屋が生まれたことは、存外知られていない。

店の名は地名をとって「良林亭」。開店したのは、鎖国令が解かれてから五年が経ったころ。羽織袴にブーツを履くほどの、ハイカラ好きの龍馬が「良林亭」を見過ごすはずがない。一説には、「良林亭」があったから、そのすぐ近くに移り住んだ、ともいわれている。

龍馬が洋食を好んで食べたことは、間違いがなく、史料にも残されている。その洋食好きの龍馬は、翌々年の1865年に京都へ居を移し、様々な事件に遭遇することとなる。このときに「良林亭」の主人も京都を訪れ、それがきっかけとなり、京都で洋食屋を開き、やがてそれを真似た洋食屋が京都に次々出現する。

かくして京都は洋食の街ともなり、日本中から客を集めるに至る。京都洋食、黄金時代の幕開けである。

代替わりを重ねながら続いていた老舗洋食屋も、時代の波に呑まれ、何軒かは店仕舞いしたが、今も健在なのが「洋食の店　みしな」をはじめとする、花街によって育てられた洋食屋。花街に通い詰める旦那衆が、舞妓芸妓を引き連れて、洋食屋で舌鼓を打つ姿は、京都ならではの光景。

中でよく知られていたのが「つぼさか」。祇園町の北側、「花見小路四条上る」の富永町にあって、洋食好きの京都人でいつも賑わっていた。

舞妓さんのおちょぼ口でも、気兼ねなく食べられるようにと、ひと口サイズのクリームコロッケを考案したり、京都らしい洋食を極めようとして、洋食の〆にお茶漬けを用意するなど、花街の洋食を代表する店として、高い人気を誇っていた。

拠所無い事情があったのだろう。惜しまれつつ店を閉め、やがて「つぼさか」の名が忘れ

京都の観光客が行き交う二寧坂の路地の奥にある。夜は予約を

られたころ、屋号を変え、場所も移して復活をとげた。それが「洋食の店 みしな」。二寧坂から路地奥に入った辺りに暖簾が上がる。

十席ほどのカウンター席のみ。オープンキッチンの内外で客をもてなすのは、主人とその家族。熟達のプロの料理ながら、どこか家庭のぬくもりを感じさせるのは、そのせいかもしれない。ひとり客だからといって、ぞんざいな扱いを受けることなどまったくない。むしろあたたかく迎えてくれるから、安心して京都ならではの極上洋食を堪能できる。場所柄からか、ラストオーダーが早いので、夕刻早めに暖簾をくぐりたい。

アラカルトもあるが、ディナーセットメニューがお奨め。カニクリームコロッケとエビフライがメインとなる〈フライ定食〉、ビーフシチューは〈シチュー定食〉、ヒレ肉の照焼きだと〈照焼定食〉。以上の三種。いずれも〆にお茶漬けがつく。

「洋食の店 みしな」で食べずして、京都の洋食を語るなかれ。清水寺の近くで、贅沢なひとり晩ごはんを満喫したい。

中国料理　桃李――窓側カウンター席でオーソドックスな中華を　【地図D】

中華料理は、おひとり晩ごはんの中でハードルが高いジャンルに入る。それはホテルでも同じで、というよりもむしろ、基本的にホテルの中華料理というものは、ひとり客を想定しておらず、したがって、おひとり晩ごはんは不可、となるのが一般的である。

そもそも席の作り方からして、グループ客をメインターゲットにしていて、四人、もしくは六人用のテーブル席がずらりと並び、それ以上の客数に応えるための個室はあっても、カウンター席を備える、ホテルの中華料理店はほとんどない。

地方都市のそれで、稀《まれ》にカウンター席があっても、厨房との境に無理やり作ったような造りで、たいていは配膳スペースとして使われている。明らかに末席と分かる席では、どんなに美味しい料理だったとしても、おひとり晩ごはんは侘《わび》しくなるだけだ。

眺めの良い席で、おひとり中華をゆったり味わえるホテル中華が京都の中心部にあり、その名を「桃李」という。

「桃李」という名のホテル内レストランは二か所あって、ひとつは老舗名門ホテル「京都ホテルオークラ」にある。ここの「桃李」は京都の中華料理界を長く牽引し続けていて、多くの人気を集めている。その歴史は長く、三代にわたる「桃李」ファンも少なくない。かく言う僕がそうであって、この店で祖父母や両親と食事したのは数えきれないほどだ。

私事で恐縮だが、このホテルがかつて〈京都ホテル〉というホテル名だったころ、ここで結婚披露宴を行い、その打ち合わせでも、幾度となく「桃李」で食事をした。

時代は流れ、〈京都ホテル〉は「京都ホテルオークラ」と名を変え、いくらかカジュアルな別館的存在の「からすま京都ホテル」もできた。


話が少しばかり横道にそれたが、もうひとつの「桃李」は、「からすま京都ホテル」の二階にあり、そこでは、おひとり晩ごはんを愉しめるカウンター席があるのだ。

「からすま京都ホテル」は四条烏丸から南に下ったところにあって、烏丸通に面して建っている。

この辺りの烏丸通には、中央分離帯や歩道に街路樹が植わっていて、京都随一のビジネス街らしい、シャープな空気を漂わせている。

その通りを間近に見下ろせるように、窓に向かって設えられたカウンター席が、おひとり晩ごはん用の特等席になるのだ。

この「からすま京都ホテル」には、宿泊優待メニューというものがあり、それを利用すると、セレクトコースというディナーコースが三千五百円で食べられる。

〈冷菜三種盛り合わせ〉から始まり、〈ふかのひれスープ〉へと続き、〈小籠包〉が出た後は、八種類のメインディッシュから三品を選ぶというシステムだ。

〈酢豚〉〈海老のチリソース〉〈青椒肉絲〉と、僕はいつも定番中の定番を選んでしまう。

ここまでで、充分お腹はふくれるのだが、このコースには〆として〈五目チャーハン〉がつく。更には〈フルーツ入り杏仁豆腐〉がデザートとしてサービスされる。これで三千五百円ぽっきりというのは、お値打ちとしか言いようがない。

〈冷菜三種盛り合わせ〉。美しい盛り付けはホテル中華ならではは

宿泊者専用のメニューなので、このホテルに泊まって、という条件付きだが、「からすま京都ホテル」は、僕が京都の定宿としているほどに居心地がいいので、是非とも京都旅のベースと

して、おひとり中華を愉しんでいただきたい。

【地図C】

割烹はらだ――本格割烹でおひとり和食

京都で割烹。多くが憧れるところだが、そのハードルの高さに、二の足を踏む向きも少なくないと聞く。ましてやそれが、おひとり晩ごはんとなると、旅人には不安ばかりが先に立ってしまう。

近年、新たにオープンした割烹店のほとんどは、おまかせコース専門。これなら安心とばかりに、割烹初心者の多くがそれを選んでしまう。

割烹料理店の難しさであり、かつ最大の愉しみは、その注文の仕方にある。用意された食材、料理の中から、何を選び、どう組み立てるか。それこそが割烹の醍醐味であるのに、最初からそれを奪っている店を割烹と呼んでいいものかどうか、僕には大きな疑問だ。

なぜ割烹なのに、おまかせコース専門なのかと言えば、未熟だから、のひと言に尽きる。ひとりひとりの客がそれぞれ違った注文をして、それに素早く対応するには、それ相応の技量が必要だ。その技量は既に仕入れの段階から要求される。極力無駄を排しながらも、幅広い食材を揃えなければ、客の求めに応じられない。経験と勘が必要だ。

それに比して、おまかせコースなら食材も無駄にならず、自分の度量を超える料理法も不要。これなら短い修業期間でも店を開ける。

一方で客の側も同じ。おまかせコースなら、出てきた料理を出されるがままに食べればいい。こんな注文の仕方で間違っていやしないか、この順番で食べてもいいのか、など悩むこともない。

ざっくり言えば、今流行の新進割烹は、料理をする側も、それを食べる側も若葉マークをつけているのだ。

その手の割烹ではなく、割烹本来の姿をとどめながら、気楽におひとり晩ごはんを愉しめる店は存外少ない。前述したように、おまかせ一本鎗だったり、ひとりには贅沢が過ぎる店だったり、或いは常連客だらけで肩身が狭かったり。

本格割烹でありながら、旅人のおひとり晩ごはんにも恰好の店がある。

河原町丸太町を南へ少し下った辺りの西側、河原町通に面して暖簾を上げるのが「割烹はらだ」。

さほど広い店ではない。店に入ってすぐの右側、小さな厨房を囲むように設えられた、L字型のカウンター席と、左側のテーブル席。ひとり客なら当然ながらカウンター席。予約は必須。

おまかせにも応じてくれるが、黒板に書かれた、その日のお奨め料理から、あれこれ選んで食べるのが愉しい。

飲み物を注文して、しばらくすると〈八寸〉が運ばれてくる。といっても、決して大仰なものではなく、季節の料理が少しずつ品よく盛られた、突き出しのような気楽なひと皿。これを食べながら、ご主人や女将さんと相談しながら次の料理を選んでいく。この時間こそが割烹の割烹たる所以であって、隣の客が頼んだ料理ができあがる様を間近にしながら、食べた気になるか、同じものを頼むか迷うのも割烹ならではの愉しみなのである。

いつ訪れても、季節の味を愉しめるが、是非ともお奨めしたいのが夏の鮎。釣り好き夫婦が自ら釣り上げた鮎の塩焼きは絶品としか言えない。釣行は定休日の月曜だから、火曜日が一番のねらい目。鮎を愉しみに是非ご予約を。

【地図E】

琢磨　ぎおん白川店――京都の風情を愉しみながら

最も京都らしい風景といえば、はたしてどこになるだろう。

「清水寺」へ向かう二寧坂の石段。青々とした笹が風にそよぐ嵯峨野の竹林。「八坂の塔」を見上げる八坂通。或いは、近年外国人観光客に人気沸騰中の「伏見稲荷大社」の千本鳥居。どこもひと目でそこが京都だと分かる、代表的な景観だが、人によって意見は分かれる。

しかしながら、そこに京都らしい風情を加味するとなれば、おそらく多くの思いは一か所に集まるのではないだろうか。

それは祇園白川。

岡崎の琵琶湖疎水、仁王門通から南西へ、鴨川へと続く小さな流れは白川と呼ばれ、祇園町北側の艶やかな街並みを清流に映しだす。

中で最も美しいのは祇園白川と呼ばれる地域。祇園巽橋から大和大路通へと至る、ほんのわずかな川筋。

――かにかくに　祇園はこひし寝るときも　枕のしたを水のながるる――

大正末期から昭和の初めころにかけて活躍した歌人、吉井勇の歌はこの辺りで詠まれたと

入口は祇園白川の反対側にある

いい、歌碑が建っている。

こんな場所で、こんな景観を眺めながら、京都らしいおひとり晩ごはんを愉しめないものか。きっと誰もがそう思うだろうが、多くは夢と消えゆく。何しろ一等地中の一等地。日本料理店があるにはあっても、手ごろとは言えない価格で、何よりひとり客が愉しめるような空気ではない。

そんな中で、ただ一軒といってもいいほど、おひとり晩ごはんを手軽に愉しめる店がある。

それが「琢磨 ぎおん白川店」。

少しばかり入口が分かりにくいが、店に入れば、一階も二階も白川の流れに沿った特等席。二階はテーブル席で、一階がカウンター席。おひとり晩ごはんなら一階のカウンター席が指定席。できれば窓際、叶う限り白川に近い席をと望むのが心情だが、これは運次第。窓際を、という予約は当然ながら受けてくれない。予約時間帯の先着順といったふうだ。

さて料理。昼も夜も二種類のコースのみ。夜は六千円と八千円。アラカルトでいきたいところだが、このロケーションと価格を考えれば、これ以上を望むのは贅沢過ぎるというもの。おひとり晩ごはんなら六千円のコースで充分。

季節のあれこれを十種類近く盛り合わせた〈八寸〉から料理が始まる。ここはやはり日本酒。それも燗酒がいいだろう。せせらぎが聞こえてきそうなほど、白川がすぐ傍を流れている。まさに〈かにかくに〉の世界。

続く〈お造り〉は三種ほどが盛り合わされ、醤油のエスプーマが添えられるのがこの店流。椀物、焼物、煮物、天ぷらなどの強肴《しいざかな》とオーソドックスな流れ。

食材も調理も一切手抜きはなし。この価格でこれだけの質を保った日本料理のコースを祇園で食べられる店は、ほとんどないに等しい。加えてこの眺め。

先年、惜しまれつつこの世を去った先代主人の心意気は、今もこの店に脈々と流れ、それはまるで白川のように、濁りのない清らかさなのである。

蛸長《たこちょう》――おひとり晩ごはんにおでんは最強の取り合わせ　【地図C・E】

さまざまにおひとり晩ごはんはあれども、おでんほどおひとり晩ごはんに似合う料理は他にないのではと思う。

ただ、これが家ごはんとなると、いささかなりとも様子が違ってきて、家でひとり、おでんをつつきながらの晩ごはんとなると、なんとも侘しい。しかしながら、これがお店となると、実に愉しそうに映るから不思議だ。

存外、京都にはおでん屋と称される店が少なく、冬場になると居酒屋でおでん鍋が主役になることはあっても、おでんの屋台が街角に出ることもなければ、おでん専門店が軒を並べることもない。

歌舞伎役者さんご贔屓のおでん屋がつとに名高いが、おでんとは思えぬ高額店のうえに、紹介者が必要とあって、おひとり京都の晩ごはんには無縁。

京都でおでん。ひとりでも気軽に入れて、頃合いの価格で食べられる店。

となると、この店をおいて他には思いつかない。

祇園川端、「京都四條南座」からすぐ近く

川端通の四条下る。団栗橋《どんぐりばし》の畔《ほとり》にあって、〈おでん〉と書かれた看板を上げているのが「蛸長」。白壁に茶色の格子が印象的な建物。

席はL字型に配された十二のカウンター席のみ。料理はおでんのみ。お酒はビールと日本酒のみ。きわめてシンプルな店なので、迷うのはどの具にするかということだけ。このあたりもおひとり晩ごはん向き。

巷《ちまた》のおでん屋にありがちな猥雑さはまったくなく、端正な店内は鮨屋にも似て、上質な空気に包まれて、京都らしくお出汁の旨みがしっかりのったおでんを、じっくりと味わえる。

さて何を食べようかと、壁にかかる木札を眺める。このあたりも老舗の鮨屋と同じく幾ばくかの緊張感がある。

その日によって異なるが、おおむね二十種類ほどだろうか。店の名にも使われている〈蛸〉や〈玉子〉、〈蒟蒻《こんにやく》〉などの定番に加えて、京都ならではの地場野菜を使ったネタやオリジナルの細工ものなど。価格は記載されておらず、すべて時価という設定にいささかひるむ向きがあるかもしれないが、目の玉が飛び出るようなことはない。

おでんは〈蛸〉から始めるのが常道。僕はたいてい、〈蛸〉と〈京大根〉からスタートする。

〈蛸〉はたいてい、大きな一本の足を四つほどに切ってあり、〈京大根〉は分厚く輪切りにされたものに縦の包丁目が入って出される。どちらもべっこう色に染まり、しっかりと味が染みている。

ここまでは、のどを潤すためにもビール。ここから日本酒に移る。日本中から選りすぐって集めました、とばかりに人気ブランドの日本酒をずらりと並べる店もいいが、この「蛸長」のような決め打ちもいい。迷うことなく、さっと出てくるのが嬉しい。

他ではあまり見かけないネタに〈紐育〉というものがある。はて何のことだろう。初めての客は戸惑うが、これはニューヨークと読み、つまりはニューヨークレタスのこと。幾重にも巻いたレタスはシャッキリとしていて、これに酢橘を搾って食べると、なんとも不思議な旨さに誰もが驚く。

決して安価とは言えないが、食べ終えての満足感は上質な食材と、丁寧な調理のなせる業。「蛸長」はしみじみと美味しい店である。

バー　チッペンデール──クラシックなバーでおひとり晩ごはん　【地図C】

オーセンティックなバーで晩ごはん。なかなかできそうでできない。つい身構えてしまいそうで、少しばかり窮屈そうな気もする。或いは、ちゃんとした食事ができるだろうか、という不安もある。しかしながら、一度経験してみると、意外なほどに軽やかで、クセになってしまうほど。

ただし、バーで晩ごはんというセレクトは、限られたシチュエーションのみと心得たい。お目当ての和食店などで、しっかりランチを食べ、夜になってもさほどの空腹感を覚えない。さりとて、せっかくの京都旅で夕食を抜きにするのも、なんだかもったいない。そんなときはバーで晩ごはんがいい。ましてやそれがひとり旅なら。

かつての〈京都ホテル〉。今の「京都ホテルオークラ」の二階にある「バー　チッペンデール」を是非お奨めしたい。

通常ホテルのバーというのは、地下などにあって薄暗いものだが、このバーは二階にあって表通りに面しているので、レストランバーのような雰囲気。

バーというものは多くが夕食後に利用するので、遅い時間は混みあうが、早い時間は比較的空いている。そしてこのバーは、平日は午後一時、土日祝日は午後二時からオープンしているから、外がまだ明るいうちから飲んで食べることができる。

バーだからもちろんカウンター席もあるが、空席があれば窓際の席もいい。暮れなずむ都大路を眺めながら、早めの晩ごはん。

とは言え、そこはバー。まずはカクテルかドラフトギネス、シャンパーニュなどで喉を潤しながら、ゆったりと過ごしたい。


「バー チッペンデール」の名前は、イギリスの家具職人に由来し、内装はロココ様式とシノワズリーを融合させた〈チッペンデール〉様式を採り入れている。重すぎず、軽すぎずのインテリアデザインは、そのままこのバーに流れる空気と通底していて、カジュアルに過ぎない程度にドレスダウンしてもいい。

アルコールが入って、少し小腹が空いてきたら、フードメニューを眺め、気に入った料理を頼む。

バーフードらしさからいけば、まずはオリーブ盛り合わせ、もしくはスティックサラダなど、軽やかなフードから始めたい。

ホテルのバーというものは雰囲気やきめ細かなサービスも料金に含まれているので、決して安価とは言えない。気分を買うのである。

ひとり優雅にバーで晩ごはん。それなりの対価を支払ってこそ愉しめるものと、肚《はら》を決める。というほどの話でもないのではあるが。

生ハム、スモークサーモン、オイルサーディンなど、バーフードの定番でウィスキーに切り替えるのも悪くない。もしくはサンドイッチを頼んでお腹を満たすという手もある。

ホテルバーによくある〈アメリカンクラブハウスサンドイッチ〉というセレクトが常道だが、〈ビーフカツレツサンドイッチ〉が京都のバーらしいメニュー。

牛肉王国とも言える京都では、トンカツよりビフカツ。当然ながらカツサンドもビーフがメイン。オーダーしてからの待ち時間が長いのはバーゆえのこと。グラスをもてあそびながら、のんびりと待つ時間もバーなればこその愉しみ。

上質の牛肉を使ったカツサンドはボリュームもたっぷりで、味は折り紙付き。京都でおひとり晩ごはん。ホテルのバーメシも覚えておきたい。

石塀小路《いしべこうじ》　かみくら――祇園町の隠れ家で過ごす贅沢な時間　**【地図E】**

ひところ流行った言葉に〈自分へのご褒美〉がある。〈おひとりさま〉が認知されだした

京都らしい石塀の通りにひっそりとある

のとときを同じくして、盛んに使われた言葉。

ひとへのプレゼントではなく、自分へのギフト。高価なバッグなどがその典型で、つまりはただのショッピングなのだが、それを〈自分へのご褒美〉とすることで、後ろめたさを少しばかり軽減できるという仕組み。

贅沢は敵だ、というような時代ではないが、自分だけが贅沢をするのは、どうしても気が引ける。それを、

——これだけ頑張っているのだから、たまにこれくらいの贅沢をしてもいいよね——

と自らに言い聞かせると、わずかだが気が楽になる。

京都旅も同様。連れ合いがいればさほど気にならないが、ひとりだけ豪勢な食事をするのはもったいないような気がして、人気割烹にはなかなか足が向かない。だがそれを〈自分へのご褒美〉だと考えれば、せっかくの京都旅だから、たまの贅沢晩ごはんも許されるのではないだろうか。

本書でご紹介している店は、ハレとケに分ければ、ほとんどがケの店であり、京都人が普

段使いしている、値ごろで気楽な店が圧倒的に多い。僕がそうであるように、おひとり晩ごはんには過ぎたる贅沢は向かないだろうと思ってのこと。しかしながら、ある意味でハレの場である京都旅には、たまの贅沢も必要だろう。

京都で最も京都らしさを感じ取れる石塀小路にある、隠れ家割烹でおひとり晩ごはん。贅を極める一夜をお奨めしたい。

「高台寺」から祇園下河原へと抜ける、クランク状の道筋は石塀小路と呼ばれ、石畳が敷かれたしっとりとした街並みは、観光客にも人気で、季節を問わず人波は絶えることがない。

そんな石塀小路も、日が暮れるとひっそりと静まり、点在する店の路地灯がほのかに道を照らし、京情緒満点となる。その一角に店をかまえる「石塀小路　かみくら」は、〈自分へのご褒美〉として、贅沢な時間を過ごすのに恰好の割烹店。

その名のとおり、立派な石塀が積み上げられた建屋の半地下に目指す店がある。

暖簾を潜り、引き戸を開けると京都ならではの瀟洒な佇まいの店が広がっている。プラチナシートとでも呼びたくなるカウンター席に腰かけた瞬間から、おひとり贅沢晩ごはんがはじまる。

当然ながら前日までの予約が必要だが、それさえ済ませておけば、一見客でもまったく気にすることはない。小規模高品質日本旅館の食事処という存在でもあるので、そのおもてなしには定評がある。安心して身を委ねればいい。

おまかせコースは二種類。一万五千円と二万円。どちらを選んだとしても充分満足できるに違いない。

料理の内容は季節によって異なるので、詳細は記さないが、京料理の伝統をきちんと踏まえながら、ときには変化球も交え、一品として無駄な料理はなく、器遣いの妙もある。見て美しく、食べて美味しい料理であることは常に変わらない。

ワインセラーが備わっているから、この店での夕餉にはワインがふさわしい。地場の野菜、選りすぐりの海の幸、そして希少な京都肉。厳選素材を熟達の技で調理した料理が次々と繰り出される。その様子を間近に見ながら、ワイン片手におひとり晩ごはん。贅を極めた料理に酔いしれる。

千ひろ――正統派の割烹で真っ当な京料理を味わう　【地図E】

京都の割烹が今おかしなことになっている。主だった店の予約が取れないのだ。今日明日のことではない。三か月先、半年先、へたをすると一年先まで予約が埋まっているという割烹は一軒や二軒ではない。それが歴史を重ねてきて名声を得ている店なら分からなくもないが、オープンしてひと月も経たないうちから、そんな状況に陥る店もあるというから、ただただ驚くしかない。

なぜそんなことになったかと言えば、俄かグルメが急増したからである。もしくはSNSの普及。

京都の人気割烹の何軒かは、暇とお金を持て余した富裕層の自慢のタネとして存在している。

店に行った自慢、食べた自慢の対象となるのは、歴史の浅い若手料理人の割烹。この手の店なら、作法もわきまえず、食の知識が乏しくても、気持ちよく受け入れてくれ、すぐに常連客気取りができるからだ。

長い歴史を重ねてきた職人肌の主人なら、きっと眉をひそめるだろう、真っ赤なマニキュアもお構いなし。ブロガーに愛称をつけられて、嬉々としてカメラに向かってポーズを取るような若手料理人。当然ながら料理も稚拙で、臨機応変に対応ができないから、おまかせ料理一本鎗。創作懐石という名のままごと料理を、半年も待って食べに行くような俄かグルメによって、京都の割烹料理界は荒野原と化した。

そんな中で、一服の清涼剤ともいえるのが「千ひろ」。どんなに人気が出ようと、格付け本で星を得ようと、浮つくことなく地に足をつけ、正統派の割烹料理を作り続けている店である。

祇園石段下。四条通を少し西へ歩いた北側。名もなき辻子を北に上がった右側。「千ひろ」の暖簾がかかる。

車が通れない、小さな辻子にある

「千ひろ」は今の主人が創業した店だが、先代は「千花」という名割烹の創始者で、先代亡きあとは、長男がその暖簾を引き継ぎ、次男が新たに開いたのが「千ひろ」である。

基本的に僕は、店の主人の経歴だとか血統にさしたる興味が持てず、したがって触れないことを旨としているが、ここだけは別。先代からの流れを抜きにして、「千ひろ」の料理は語れない。

「千花」の先代主人は、料亭料理とは一線を画しながら、京都における割烹料理を高みに持ち上げた先駆者である。

その歴史はともかくとして、今の料亭料理を確立したのが「吉兆」なら、割烹料理の先達は「千花」。衆目の一致するところだ。

日本料理に欠かせないのは魚であり、その魚の中で最上といえるのは鯛。「吉兆」も「千花」も創始者はそう断言した。それも明石に限ると言い切り、市場、担ぎの別を問わず、その日の最高を求めて奔走した。となれば当然ながら両者はバッティングするわけで、しばしば奪い合うことになったという。よきライバルだった先代たちが草葉の陰から見守る中、今もしのぎを削っている。

さてこの「千ひろ」。割烹本来の自由闊達な料理だが、日本料理の基本はきちんと守られているので、何を食べても唸《うな》るほど美味しい。とりわけ椀物の味わい深さといえば、他の追随を許さない。しみじみと旨いのである。ちまちまとした料理ではなく、どっしり構えた料理がまっすぐに出てくる。王道を行く割烹料理をしみじみ味わうのも、おひとり晩ごはんの醍醐味。

カサネ――おひとりフレンチをホテルで優雅に愉しむ【地図F】

おひとり晩ごはんでハードルが高いジャンルにフレンチがある。フレンチディナーはひとりには向かないだろうと、誰もが思い込んでいるからであって、店側からNOを突きつけられることはないはずだ。

とは言っても、ランチタイムならともかく、スタイリッシュなフレンチディナーをひとりで食べるにはそこそこの勇気がいる。まず気になるのは周りの目だ。

通常フレンチのディナータイムといえば、ほとんどがカップル客だ。カトラリーを手にし、愉しげに語らいながら、ワインなどを合間に飲みつつ食事をする。それでこそフレンチなのだ。

そんな中でぽつんとひとり。語らう相手もなく、ただ黙々とナイフとフォークを操るのみ。寂しげに映ったとしても致し方ない。

というのは、どうやら日本だけのことらしく、彼《か》の国では紳士淑女がおひとりディナーを愉しむことも珍しくないそうだ。特にホテルのレストランなどでは、美食家がひとり優雅にディナーを愉しむ姿が見られるという。

そうだ。ホテルがあった。ホテルのフレンチなら、ひとり客も珍しくないはずだ。

料理は真っ当で、しかし堅苦しくなく、カジュアルな空気が流れていて、そして外が見える。そんなホテルフレンチなら、おひとり晩ごはんにもよく似合う。

京都駅の中央口を出て右手、ビルとの間を東に向かって歩くと、レンガ色のホテルが見えてくる。「京都センチュリーホテル」だ。

「京都産野菜の宝箱」は食べるのが惜しいほど美しい

近年リニューアルしたばかりのホテルは、宿泊のみならずレストランも充実していて、日本料理の「嵐亭」は気軽に和食を愉しめるカウンター席を備えているし、ブッフェレストランの「ラジョウ」は、吹き抜け空間にあって、開放的な雰囲気の中で、工夫を凝らしたブッフェ料理が愉しめる。もちろんどちらも、ひとり客を快く受け入れてくれることは、何度も訪れているので実証済だ。
そしてこのホテルには初夏から初秋限定のテラスレストランが出現する。
「星空テラス」という名のオープンエアスペースで、ビアガーデンならぬ、ワインガーデンのような趣き。ここもおひとり晩ごはんには最適で、とりわけ女性には各種の特典がある。

そんなホテルのメインダイニングだから、ひとりでも気軽に、しかし優雅にフレンチディナーを満喫できる。

店の名は「カサネ」。きっと京の都に平安のころから伝わる〈襲《かさね》の色目〉を象徴しているのだろう。

そんな店の名にぴったりの料理があり、〈ＢＩＯ野菜・京都産野菜の宝箱〉と名付けられている。緑を基調として色とりどりの野菜が皿いっぱいに盛り付けられている。ミッシェル・ブラスが創作した〈ガルグイユ〉の京都版。このひと皿からスタートすれば、おひとりフレンチも軽やかに弾みだすに違いない。

この料理には是非ともワインを合わせたい。そんなときは〈グラスオーダー・ビュッフェ〉をお奨めしたい。五千円のクラスＡならシャンパーニュを含む十八種、二千九百円のクラスＢは十種類の上質なワインが飲み放題になる（２０１６年末で終了）。

この店のスペシャリテとも言える〈ブイヤベース　カサネ風〉にはハーフサイズが用意さ

れているのも、ひとりディナーには嬉しい。スイーツにも定評があるので、ふた皿のあとはデザートというスタイルもいい。

時折窓の外を眺めながらのアラカルトディナーを優雅に愉しみたい。

京都市内略図
きたやま
まつがさき
北山通
367
小山
賀茂
京都府立大
今宮神社
下鴨
高野
いちじょうじ
大徳寺
きたおおじ
賀茂川
367
北大路通
高野川
紫野
下鴨神社
ちゃやま
くらまぐち
上御霊神社
河合神社
叡山電鉄叡山本線
田中
光明寺
もとたなか
石像寺
相国寺
京都大学
でまちやなぎ
今出川通
いまでがわ
知恩寺（百萬遍）
晴明神社
智恵光院
吉田神社
上京区
京都御所
東大路通
吉田
烏丸通
京都御苑
京都府庁
じんぐうまるたまち
大宮御所
聖護院
平安神宮
丸太町通
まるたまち
下御霊神社
河原町通
鴨川
岡崎
二条城
堀川通
京阪鴨東線
367
京都市役所
にじょう
にじょうじょうまえ
嵯峨野線（山陰本線）
御池通
南禅寺
からすまおいけ
きょうとしやくしょまえ
さんじょうけいはん
地下鉄東西線
地下鉄烏丸線
本能寺
ひがしやま
さんじょう
中京区
辰巳大明神
知恩院
巽橋
錦市場
円山公園
おおみや
四条通
からすま
かわらまち
ぎおんしじょう
祇園八坂神社
阪急京都線
しじょう
京福嵐山本線
しじょうおおみや
神明神社
建仁寺
高台寺
壬生
六道珍皇寺
烏丸通
八坂の塔
きよみずごじょう
六波羅蜜寺
高瀬川
9
1
ごじょう
五条通
大黒町
清水寺
たんばぐち
西本願寺
東本願寺
豊国神社
朱雀
1
24
1
七条通
しちじょう
三十三間堂
智積院
きょうと
琵琶湖線（東海道本線）
京都
東山区
奈良線
24
東海道新幹線
八条
大宮通
油小路通
東九条
今熊野
とうふくじ
万寿寺
教王護国寺（東寺）
近鉄京都線
とうじ
九条通
地下鉄烏丸線
くじょう
京阪本線
泉涌寺
泉涌寺
171
1
南区役所
じゅうじょう
東福寺

A
おすすめどころ
❶イン ザ グリーン
❷鮨かわの
❸串揚げtoshico
❹山家
❺うどんや ぼの
40
きたやま
地下鉄烏丸線
下鴨本通北山
❶
イン ザ グリーン
賀茂
府立植物園
北泉通
疏水分流
下鴨
京都府立大
鮨かわの
❷
串揚げtoshico ❸
下鴨本通北大路
至地図B
367
北大路通
❹
山家
下鴨本通
加茂街道
❺うどんや ぼの
賀茂川
下鴨神社
下鴨東通
天寧寺
鞍馬口町
糺の森
高野川
出雲路
河合神社
御蔭橋
光明寺

B
おすすめどころ
6 和食庵さら
7 市場小路 北大路ビブレ店
8 串あげ あだち
上賀茂大橋
紫竹
38
北山大橋西詰
北山大橋
北山通
堀川北山
半木神社
賀茂
府立植物園
北署
小山
新町通
衣棚通
室町通
日本福音ルーテル
賀茂川教会
今宮通
6 和食庵さら
賀茂川
きたおおじ
小柳南通
市場小路
北大路ビブレ店 7
北大路橋
烏丸北大路
紫野通
北大路通
紫野南通
8 串あげ あだち
堀川通
地下鉄烏丸線
烏丸紫明
堀川北大路
紫明通
堀川紫明
鞍馬口通
くらまぐち
妙覚寺
大泉寺
上御霊神社
水火天満宮
上御霊前通
上御霊前通
本法寺
宝鏡寺（人形寺）

C
おすすめどころ
9 割烹はらだ
10 二條 葵月
11 バー チッペンデール
12 China Cafe 柳華
13 アポロプラス
14 杏っ子
15 串かつ こぱん
16 先斗町 ますだ
17 Ittetsu Grazie
18 Bistro WARAKU 四条柳馬場店
19 京極スタンド
20 花遊小路 江戸川
21 釜めし 月村
22 天壇 祇園本店
23 蛸長
24 ビストロ スミレ チャイニーズ
25 奇天屋
26 和食晴ル
27 ひご久
河原町丸太町
じんぐうまるたまち
下御霊神社
9 割烹はらだ
革堂（行願寺）
竹屋町通
夷川通
河原町通
ザ・リッツ・カールトン京都
二条通
10 二條 葵月
東洞院通
間之町通
高倉通
堺町通
寺町通
日本銀行
押小路通
バー チッペンデール 11
柳馬場通
富小路通
麩屋町通
御幸町通
京都市役所
京都ホテルオークラ
河原町御池
御池通
京阪鴨東線
きょうとしやくしょまえ
鴨川
ホテルギンモンド京都
本能寺
京都ロイヤルホテル&スパ
姉小路通
至地図D
China Cafe 柳華 12
天性寺
杏っ子 14
三条大橋
矢田寺
三条大橋
さんじょう
三条通
13 アポロプラス
河原町三条
京劇会館
富小路通
麩屋町通
30 東洞院SOU
新京極通
串かつ こぱん 15
六角通
裏寺町通
河原町通
木屋町通
高瀬川
先斗町通
縄手通
蛸薬師通
永福寺（蛸薬師堂）
先斗町 ますだ 16
錦市場
錦小路通
錦天満宮
寺町通
17 Ittetsu Grazie
18 Bistro WARAKU 四条柳馬場店
19 京極スタンド
20 花遊小路 江戸川
四条大橋
四条通
からすま
かわらまち
阪急京都線
ぎおんしじょう
四条河原町
南座
神明神社
高倉通
堺町通
柳馬場通
釜めし 月村 21
天壇 祇園本店 22
26 25 奇天屋
和食晴ル
23 蛸長
団栗橋
ビストロ スミレ チャイニーズ 24
仏光寺通
大和大路通
サフラン サフラン 32
佛光寺
27 ひご久
富小路通
麩屋町通
御幸町通
寺町通
32
高辻通
木屋町通
川端通
宮川町通
恵美須神社
東洞院通
高倉通
高瀬川
至地図F

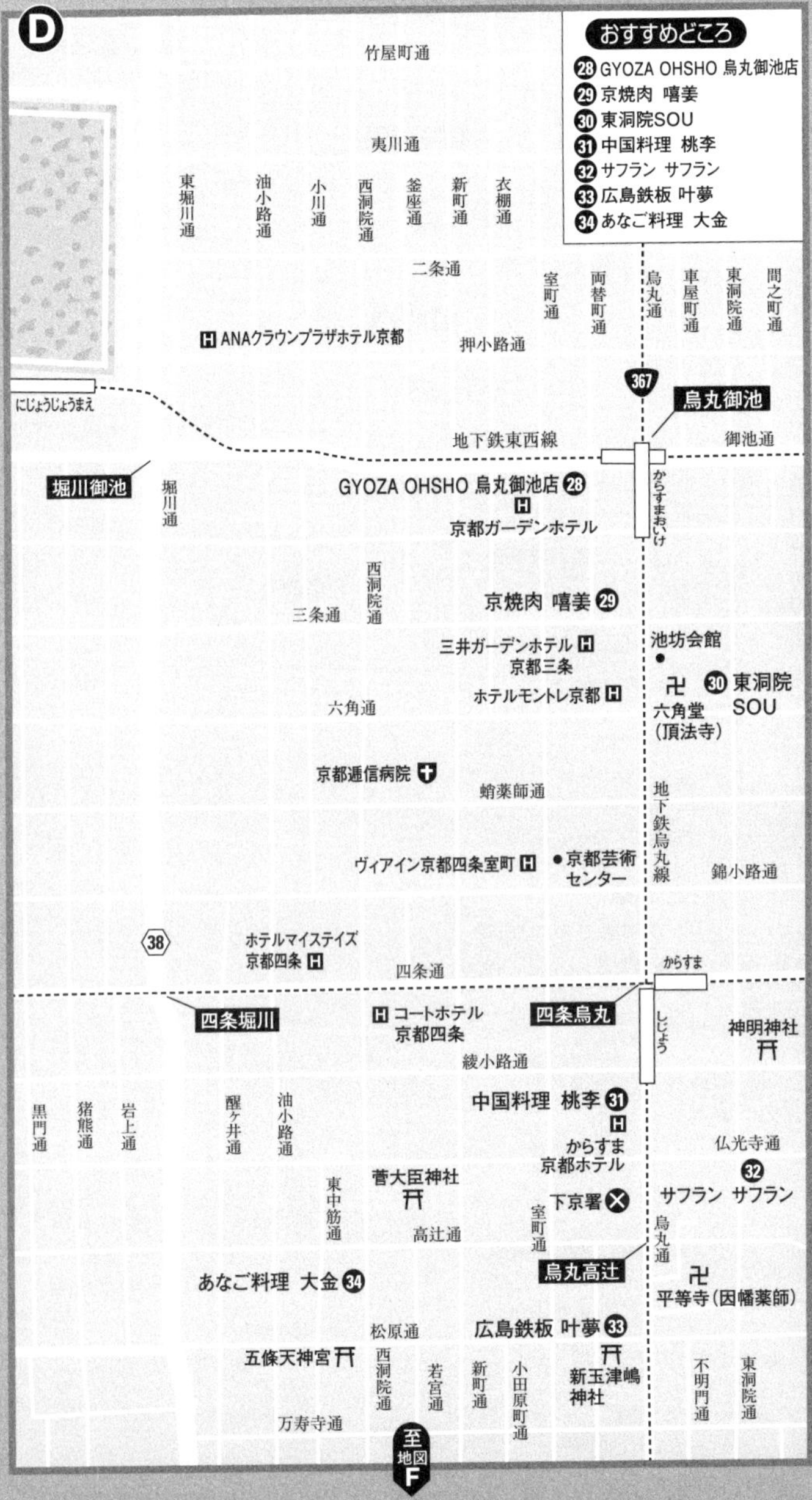
D
おすすめどころ
28 GYOZA OHSHO 烏丸御池店
29 京焼肉 嘻姜
30 東洞院SOU
31 中国料理 桃李
32 サフラン サフラン
33 広島鉄板 叶夢
34 あなご料理 大金
竹屋町通
夷川通
東堀川通
油小路通
小川通
西洞院通
釜座通
新町通
衣棚通
二条通
室町通
両替町通
烏丸通
車屋町通
東洞院通
間之町通
ANAクラウンプラザホテル京都
押小路通
367
烏丸御池
にじょうじょうまえ
地下鉄東西線
御池通
堀川御池
堀川通
GYOZA OHSHO 烏丸御池店 28
からすまおいけ
京都ガーデンホテル
西洞院通
京焼肉 嘻姜 29
三条通
三井ガーデンホテル京都三条
池坊会館
30 東洞院SOU
ホテルモントレ京都
六角堂（頂法寺）
六角通
京都通信病院
蛸薬師通
地下鉄烏丸線
ヴィアイン京都四条室町
京都芸術センター
錦小路通
38
ホテルマイステイズ京都四条
四条通
からすま
四条堀川
コートホテル京都四条
四条烏丸
しじょう
神明神社
綾小路通
中国料理 桃李 31
黒門通
猪熊通
岩上通
醒ヶ井通
油小路通
からすま京都ホテル
仏光寺通
32
東中筋通
菅大臣神社
下京署
サフラン サフラン
高辻通
室町通
烏丸通
烏丸高辻
あなご料理 大金 34
平等寺（因幡薬師）
松原通
広島鉄板 叶夢 33
五條天神宮
西洞院通
若宮通
新町通
小田原町通
新玉津嶋神社
不明門通
東洞院通
万寿寺通
至地図F

E
おすすめどころ
35 聖護院 嵐まる
36 琢磨 ぎおん白川店
37 千ひろ
38 石塀小路 かみくら
39 洋食の店 みしな
聖護院
丸太町通
東山丸太町
じんぐうまるたまち
京阪鴨東線
鴨川
平安神宮
岡崎公園
東山二条
ザ・リッツ-カールトン京都
二条通
京都市美術館
143
ますや旅館
東山三条
地下鉄東西線
至地図C
さんじょうけいはん
ひがしやま
三条大橋
さんじょう
花見小路通
東大路通
15 串かつ こぱん
木屋町通
先斗町通
縄手通
辰巳大明神
巽橋
知恩院
16 先斗町 ますだ
円山公園
高瀬川
四条大橋
八坂神社
四条通
祇園
南座
ぎおんしじょう
長楽館
22 天壇 祇園本店
23 蛸長
団栗橋
大和大路通
建仁寺
祇園甲部歌舞練場
圓徳院
高台寺
宮川町通
恵美須神社
安井金比羅宮
金比羅絵馬館
霊山護国神社
八坂通
八坂の塔
六道珍皇寺
洋食の店 みしな
六波羅蜜寺
松原通
東山区役所

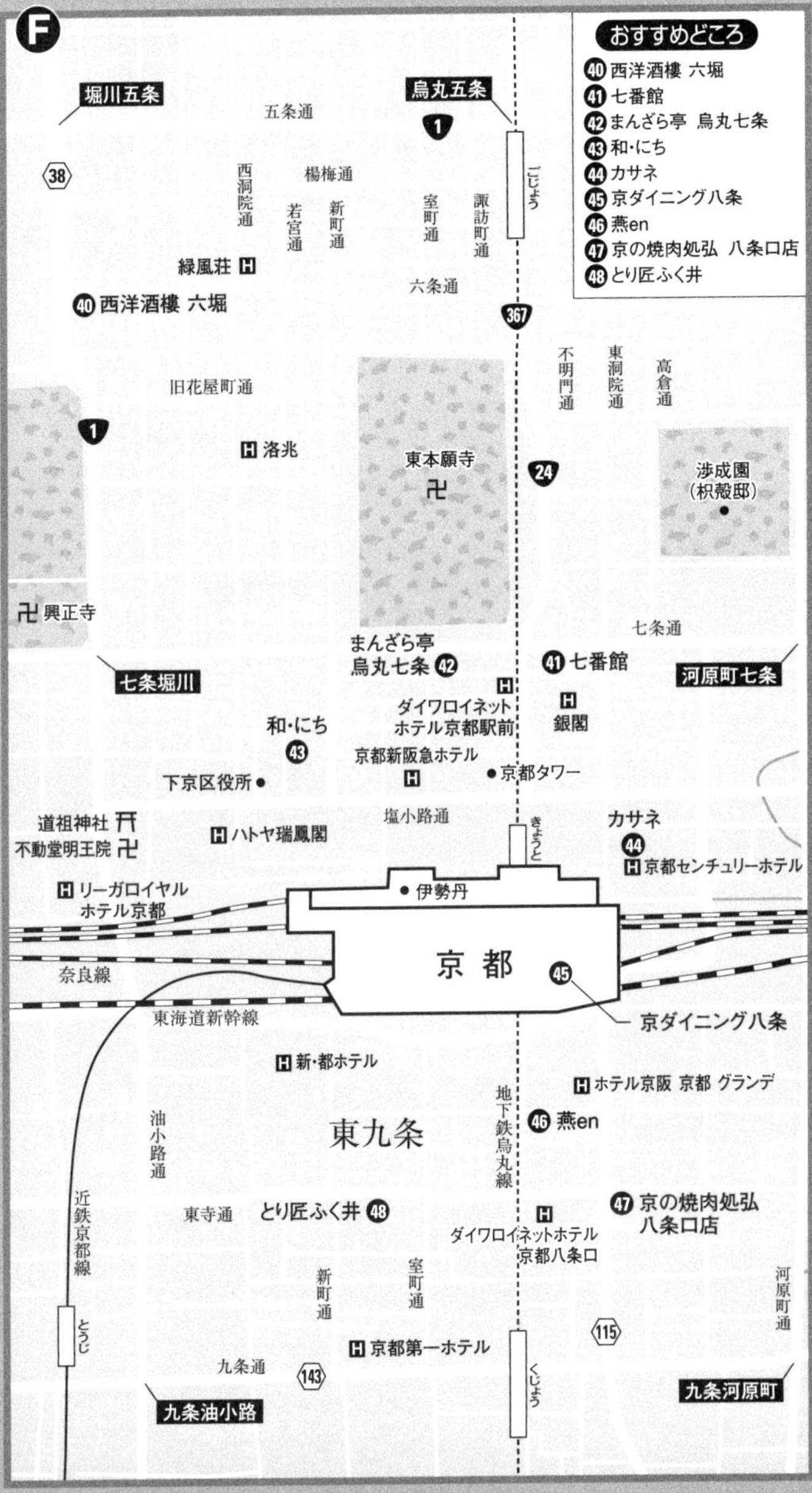
F
おすすめどころ
40 西洋酒楼 六堀
41 七番館
42 まんざら亭 烏丸七条
43 和・にち
44 カサネ
45 京ダイニング八条
46 燕en
47 京の焼肉処弘 八条口店
48 とり匠ふく井
堀川五条
烏丸五条
五条通
38
1
西洞院通
楊梅通
若宮通
新町通
室町通
諏訪町通
ごじょう
緑風荘
六条通
367
40 西洋酒楼 六堀
不明門通
東洞院通
高倉通
旧花屋町通
1
洛兆
東本願寺
24
渉成園
(枳殻邸)
興正寺
七条通
まんざら亭
烏丸七条 42
41 七番館
七条堀川
河原町七条
ダイワロイネット
ホテル京都駅前
銀閣
和・にち
43
京都新阪急ホテル
京都タワー
下京区役所
塩小路通
カサネ
44
京都センチュリーホテル
道祖神社
不動堂明王院
ハトヤ瑞鳳閣
きょうと
リーガロイヤル
ホテル京都
伊勢丹
京都
45
奈良線
東海道新幹線
京ダイニング八条
新・都ホテル
ホテル京阪 京都 グランデ
地下鉄烏丸線
46 燕en
油小路通
東九条
47 京の焼肉処弘
八条口店
近鉄京都線
東寺通
とり匠ふく井 48
ダイワロイネットホテル
京都八条口
新町通
室町通
河原町通
とうじ
115
京都第一ホテル
九条通
143
くじょう
九条油小路
九条河原町

G
おすすめどころ
49 ビフテキ スケロク
50 神馬
北大路通
181
千本北大路
紫野
船岡山公園
金閣寺前
31
鞍馬口通
千本鞍馬口
敷地神社(わら天神)
49 ビフテキ スケロク
わら天神前
寺之内通
千本寺之内
千本通
紙屋川
石像寺
平野神社
西陣病院
上立売通
文子天満宮
大報恩寺
(千本釈迦堂)
五辻通
北野天満宮
上善寺
今出川通
西大路通
梅苑
千本今出川
中筋通
上七軒
元誓願寺通
101
笹屋町通
今小路通
嵐電北野線
上京署
きたのはくばいちょう
大将軍八神社
一条通
成願寺
西正寺
(愛染明王)
地蔵院(椿寺)
立本寺
神馬 50
百鬼夜行資料館
中立売通
仁和寺街道
六軒町通
天神通
御前通
下ノ森通
七本松通
安楽寺天満宮

19:30、19:45～21:00（L.O.）の2部制　無休
京阪本線「祇園四条駅」より徒歩5分

蛸長　【地図C・E】
〒605-0801 京都府京都市東山区宮川筋1丁目237
TEL／075-525-0170
営業時間／18:00～22:00　定休日：水曜
京阪本線「祇園四条駅」より徒歩5分

バー チッペンデール　【地図C】
〒604-8558 京都府京都市中京区河原町二条南入る一之船入町53 京都ホテルオークラ
TEL／075-254-2541
営業時間／平日13:00～0:00、土日祝14:00～0:00　※16:45からバー営業　無休
地下鉄東西線「京都市役所前駅」直結

石塀小路 かみくら　【地図E】
〒605-0825 京都府京都市東山区下河原町463-12
TEL／075-748-1841
営業時間／18:00～23:00（L.O.21:00）　不定休　※要予約
京阪本線「祇園四条駅」より徒歩10分

千ひろ　【地図E】
〒605-0073 京都府京都市東山区祇園町北側279-8
TEL／075-561-6790
営業時間／12:00～13:00（予約のみ）、17:00～20:30（L.O.）　定休日：月曜
京阪本線「祇園四条駅」より徒歩5分

カサネ　【地図F】
〒600-8216 京都府京都市下京区東塩小路町680 京都センチュリーホテル
TEL／075-351-0085
営業時間／11:30～14:30、17:30～20:00　無休
JR「京都駅」より徒歩2分

本書で紹介した店舗リスト

【第5章　一人でも贅沢に】

ひご久　【地図C】
〒600-8074 京都府京都市下京区仏光寺柳馬場西入東前町402
TEL／075-353-6306
営業時間／18:00～22:00　定休日：日曜
地下鉄烏丸線「四条駅」より徒歩5分

花遊小路 江戸川　【地図C】
〒604-8042 京都府京都市中京区新京極通四条上る中之町565
TEL／075-221-1550
営業時間／11:00～14:00、17:00～21:00（最終入店20:00）　無休
阪急京都線「河原町駅」より徒歩3分

鮨かわの　【地図A】
〒606-0824 京都府京都市左京区下鴨東半木町72-8
TEL／075-701-4867
営業時間／12:00～14:00、17:00～22:00　定休日：月曜、火曜のランチは休み
地下鉄烏丸線「北大路駅」より徒歩10分

和食晴ル　【地図C】
〒600-8092 京都府京都市下京区神明町230-2
TEL／075-351-1881
営業時間／火～金17:00～23:00、土日16:00～23:00　定休日：月曜
地下鉄烏丸線「四条駅」より徒歩3分

洋食の店 みしな　【地図E】
〒605-0826 京都府京都市東山区高台寺南門通下河原東入桝屋町357
TEL／075-551-5561
営業時間／12:00～14:30（L.O.）、夜のみ予約制　定休日：水曜、第1第3木曜（祝日の場合は翌日）
京阪本線「祇園四条駅」より徒歩13分

中国料理 桃李　【地図D】
〒600-8412 京都府京都市下京区 烏丸通四条下る からすま京都ホテル
TEL／075-371-0141
営業時間／平日11:30～14:30（土日祝11:00～13:00、13:30～15:30の2部制）、17:30～21:00
地下鉄烏丸線「四条駅」より徒歩3分

割烹はらだ　【地図C】
〒604-0907 京都府京都市中京区河原町通竹屋町上る西側大文字町239
TEL／075-213-5890
営業時間／17:30～21:00（最終入店）　定休日：月曜、不定休
京阪鴨東線「神宮丸太町駅」より徒歩5分

琢磨 ぎおん白川店　【地図E】
〒605-0079 京都府京都市縄手通四条上る2筋目東入る末吉町78-3
TEL／075-525-8187
営業時間／11:30～14:00（L.O.13:30）、17:00～23:00（L.O.21:00）、土日祝17:00～

イン ザ グリーン 【地図A】
〒606-0823 京都府京都市左京区下鴨半木町府立植物園北門横
TEL／075-706-8740
営業時間／11:00～15:00、17:00～23:00（L.O.22:00） 無休
地下鉄烏丸線「北山駅」より徒歩1分

【第4章 地元民気分で味わう】
サフラン サフラン 【地図C・D】
〒600-8096 京都府京都市下京区東洞院通仏光寺東南角高橋町605
TEL／075-351-3292
営業時間／11:30～15:00（L.O.14:00）、17:30～22:30（L.O.21:30）、日・祝のディナーのみ17:30～22:00（L.O.21:00） 定休日：火曜、第1月曜
地下鉄烏丸線「四条駅」より徒歩2分

Bistro WARAKU 四条柳馬場店 【地図C】
〒604-0091 京都府京都市中京区柳馬場四条上る瀬戸屋町470-2錦柳ビル1F
TEL／075-212-9896
営業時間／12:00～15:00、15:00～0:00（L.O.23:30） 無休
地下鉄烏丸線「四条駅」より徒歩5分

Ittetsu Grazie 【地図C】
〒604-8124 京都府京都市中京区帯屋町571さたけビル1F
TEL／075-257-7844
営業時間／11:30～14:30（L.O.）、17:00～0:00（L.O.23:30） 不定休
地下鉄烏丸線「四条駅」より徒歩5分

アポロプラス 【地図C】
〒604-8111 京都府京都市中京区三条堺町東入る桝屋町67NEOD三条2F・3F
TEL／075-253-6605
営業時間／17:00～0:00 無休
地下鉄烏丸線・東西線「烏丸御池駅」より徒歩5分

京極スタンド 【地図C】
〒604-8042 京都府京都市中京区新京極通四条上る中之町546
TEL／075-221-4156
営業時間／12:00～21:00（L.O.20:40） 定休日：火曜
阪急京都線「河原町駅」より徒歩2分

まんざら亭 烏丸七条 【地図F】
〒600-8217 京都府京都市下京区七条烏丸西入東境町179
TEL／075-353-4699
営業時間／17:00～0:00 無休
JR「京都駅」より徒歩5分

ビストロ スミレ チャイニーズ 【地図C】
〒600-8012 京都府京都市下京区斎藤町138
TEL／075-342-2208
営業時間／ 17:00～00:00（L.O.23:30） 定休日：月曜、第2・第4火曜
京阪本線「祇園四条駅」より徒歩3分

本書で紹介した店舗リスト

【第３章　わざわざ訪れたい店】

山家　【地図Ａ】
〒606-0826 京都府京都市左京区下鴨西本町7-3
TEL／075-722-0776
営業時間／17:30～23:30（L.O.23:00）　定休日：木曜
地下鉄烏丸線「北大路駅」より徒歩11分

串あげ あだち　【地図Ｂ】
〒603-8162 京都府京都市北区小山東大野町39 足立ビル1F
TEL／075-411-1100
営業時間／17:30～22:00（L.O.21:30）　定休日：木曜
地下鉄烏丸線「北大路駅」より徒歩5分

和食庵さら　【地図Ｂ】
〒603-8172 京都府京都市北区小山初音町9
TEL／075-496-1155
営業時間／12:00～14:00、17:30～21:00（ともに最終入店）　定休日：月曜（祝日の場合は火曜）
地下鉄烏丸線「北大路駅」より徒歩5分

うどんや ぼの　【地図Ａ】
〒606-0816 京都府京都市左京区下鴨松ノ木町59
TEL／075-202-5165
営業時間／11:00～14:30、17:30～21:00　定休日：木曜、第1第3水曜
市バス「下鴨神社前停留所」より徒歩2分

聖護院 嵐まる　【地図Ｅ】
〒606-8392 京都府京都市左京区聖護院山王町28-58
TEL／075-761-7738
営業時間／火～土17:30～2:30、日祝17:30～0:30（L.O.）　定休日：月曜
京阪本線「神宮丸太町駅」より徒歩8分

ビフテキ スケロク　【地図Ｇ】
〒603-8374 京都府京都市北区衣笠高橋町1-26
TEL／075-461-6789
営業時間／11:30～14:00、17:30～20:30（L.O.20:00）　定休日：木曜
市バス「わら天神前停留所」より徒歩3分

神馬　【地図Ｇ】
〒602-8286 京都府京都市上京区千本通中立売上る西側玉屋町38
TEL／075-461-3635
営業時間／17:00～21:30　定休日：日曜、祝日の月曜
市バス「千本中立売停留所」より徒歩1分

串揚げtoshico　【地図Ａ】
〒606-0862 京都府京都市左京区下鴨本町11-1
TEL／075-724-1045
営業時間／17:00～22:00（最終入店）　定休日：木曜
地下鉄烏丸線「北山駅」より徒歩12分

TEL／075-662-0291
営業時間／17:30～2:00（L.O.1:00）　無休
JR「京都駅」より徒歩5分

あなご料理 大金　【地図D】
〒600-8465 京都府京都市下京区高辻西洞院町801-5
TEL／075-778-1688
営業時間／11:30～14:00、18:00～23:00　定休日：日曜
地下鉄烏丸線「四条駅」より徒歩5分

二條 葵月　【地図C】
〒604-0951 京都府京都市中京区二条通柳馬場東入る晴明町659 ヴァインオーク FINE 1F
TEL／075-708-2202
営業時間／12:00～14:30（最終入店13:30）、17:00～22:00（最終入店21:00）　定休日：日曜
地下鉄烏丸線・東西線「烏丸御池駅」より徒歩7分

七番館　【地図F】
〒600-8211 京都府京都市下京区七条通烏丸東入る真苧屋町210
TEL／075-371-7321
営業時間／11:00～14:00、17:00～22:00（L.O.21:00）　定休日：日曜
JR「京都駅」より徒歩5分

市場小路 北大路ビブレ店　【地図B】
〒603-8142 京都府京都市北区小山上総町49-1
TEL／075-494-6611
営業時間／11:00～22:30（L.O.21:30）　無休
地下鉄烏丸線「北大路駅」より徒歩1分

広島鉄板 叶夢　【地図D】
〒600-8427 京都府京都市下京区 烏丸通松原西入玉津島町315
TEL／075-343-3555
営業時間／11:00～14:30（L.O.14:00）、17:00～23:00（L.O.22:30）　定休日：日曜
祝日のランチは休み
地下鉄烏丸線「四条駅」より徒歩6分

China Cafe 柳華　【地図C】
〒604-8083 京都府京都市中京区三条通柳馬場東入る中之町6 1F
TEL／075-255-3633
営業時間／11:30～22:30（L.O.22:00）、平日15:00～17:30は休み　定休日：月曜（祝日の場合は火曜）
地下鉄烏丸線・東西線「烏丸御池駅」より徒歩6分

奇天屋　【地図C】
〒600-8092 京都府京都市下京区綾小路高倉西入る神明町230-9
TEL／075-365-9108
営業時間／12:00～14:00、18:00～24:00　定休日：日曜、ほか不定休
地下鉄烏丸線「四条駅」より徒歩3分

GYOZA OHSHO　烏丸御池店　【地図D】
〒604-8176 京都府京都市中京区両替町通姉小路上る龍池町430
TEL／075-251-0177
営業時間／月～土日11:00～24:00（L.O.23:30）、日祝11:00～22:00（L.O.21:30）　無休
地下鉄烏丸線・東西線「烏丸御池駅」より徒歩1分

【第2章　時間がなくても行きたい店】
和・にち　【地図F】
〒600-8216 京都府京都市下京区東塩小路町600-2
TEL／075-200-6312
営業時間／11:30～14:00（L.O.13:30）、17:00～21:30（L.O.21:00）　定休日：日曜（祝日は不定休）
JR「京都駅」より徒歩5分

京の焼肉処弘 八条口店　【地図F】
〒601-8011 京都府京都市南区竹田街道東寺道下る
TEL／075-662-1129
営業時間／17:00～24:00（L.O.23:00）　無休
JR「京都駅」より徒歩5分

京ダイニング八条　【地図F】
〒600-8214 京都府京都市下京区東塩小路高倉町8-3 JR京都駅構内アスティロードレストラン街1F
TEL／075-661-8548
営業時間／11:00～23:00（L.O.22:00）　無休
JR「京都駅」八条東口よりすぐ

東洞院SOU　【地図C・D】
〒604-8212 京都府京都市中京区三文字町225 朝陽ビル 1F
TEL／075-212-3711
営業時間／11:30～14:00、17:30～0:00　不定休
地下鉄烏丸線・東西線「烏丸御池駅」より徒歩3分

杏っ子　【地図C】
〒604-8005 京都府京都市中京区恵比須町442-1 ル・シゼームビル 2F
TEL／075-211-3801
営業時間／火～土18:30～23:30（L.O.23:00）、日祝18:00～23:00（L.O.22:30）
定休日：月曜、ほか不定休あり
地下鉄東西線「京都市役所前駅」より徒歩3分

釜めし 月村　【地図C】
〒600-8019 京都府京都市下京区西木屋町四条下る船頭町198
TEL／075-351-5306
営業時間／17:00～20:30（L.O.）　定休日：月曜、月1回火曜
阪急京都本線「河原町駅」より徒歩3分

とり匠ふく井　【地図F】
〒601-8048 京都府京都市南区東九条中殿田町11番地7

本書で紹介した店舗リスト

※お店の営業時間等は変動する可能性がありますので、事前にお問い合わせいただくことをおすすめします。
※駅、バス停は複数あるものもあります。ご了承ください。
※地図はp171以降に、エリア別に掲載しています。

【第１章　京らしさを気軽に味わう】

燕en　【地図Ｆ】
〒601-8003 京都府京都市南区東九条西山王町15-2
TEL／075-691-8155
営業時間／17:30〜23:00　定休日：日曜、日曜が祝日の場合の翌月曜
JR「京都駅」より徒歩4分

西洋酒楼 六堀　【地図Ｆ】
〒600-8336 京都府京都市下京区 堀川通六条下る元日町5
TEL／075-354-8117
営業時間／11:30〜14:30（L.O.）、18:00〜20:30（L.O.）　定休日：水曜・第2第4木曜
地下鉄烏丸線「五条駅」より徒歩9分

先斗町 ますだ　【地図Ｃ・Ｅ】
〒604-8016 京都府京都市中京区先斗町四条上る下樵木町200
TEL／075-221-6816
営業時間／17:00〜22:00（L.O. 21:30）　定休日：日曜
京阪本線「祇園四条駅」より徒歩4分

串かつ こぱん　【地図Ｃ・Ｅ】
〒604-8017 京都府京都市中京区木屋町三条下る材木町180-1 1F
TEL／075-223-5678
営業時間／17:30〜23:00（L.O.22:30）　不定休
地下鉄東西線「三条駅」より徒歩5分

天壇 祇園本店　【地図Ｃ・Ｅ】
〒605-0801 京都府京都市東山区宮川筋1丁目225
TEL／075-551-4129
営業時間／平日17:00〜24:00（L.O.23:30）、土日祝 11:30〜24:00（L.O.23:30）　無休
京阪本線「祇園四条駅」より徒歩1分

京焼肉 嘻羡　【地図Ｄ】
〒604-8166 京都府京都市中京区三条通烏丸西入る御倉町79 文椿ビルヂング1F-2F
TEL／075-222-2929
営業時間／11:30〜14:30（L.O.14:00、土日祝は閉店15:00、L.O.14:30）、17:30〜23:00（L.O.22:30）　定休日：水曜
地下鉄烏丸線・東西線「烏丸御池駅」より徒歩3分

柏井壽（かしわいひさし）

1952年京都府生まれ。'76年、大阪歯科大学卒業後、京都市北区に歯科医院を開業。生粋の京都人であり、かつ食通でもあることから京都案内本を多数執筆。テレビ番組や雑誌の京都特集でも監修役を務める。『京都　奥の迷い道』『ゆるり　京都おひとり歩き』（以上、光文社新書）、『京都の路地裏』（幻冬舎新書）、『ぶらり京都しあわせ歩き』（PHP研究所）、『おひとり京都冬のぬくもり』（光文社知恵の森文庫）など著書多数。「鴨川食堂」シリーズ（小学館）や「名探偵・星井裕の事件簿」シリーズ（柏木圭一郎名義）など、小説家としても活動する。

おひとり京都《きょうと》の晩《ばん》ごはん　地元民《じもとみん》が愛《あい》する本当《ほんとう》に旨《うま》い店《みせ》50

2017年3月20日初版1刷発行

著　者 ── 柏井壽
発行者 ── 田邉浩司
装　幀 ── アラン・チャン
印刷所 ── 堀内印刷
製本所 ── 榎本製本
発行所 ── 株式会社光文社
東京都文京区音羽1-16-6(〒112-8011)
http://www.kobunsha.com/
電　話 ── 編集部03(5395)8289　書籍販売部03(5395)8116
業務部03(5395)8125
メール ── sinsyo@kobunsha.com

ISBN 978-4-334-03975-2

851
デスマーチはなぜなくならないのか
IT化時代の社会問題として考える
宮地弘子
「ブラック」では片づけられない真実《リアル》――当事者の証言の分析から明らかになった驚愕の事実とは？　自らソフトウェア開発に携わっていた、新進気鋭の社会学者による瞠目すべき論考！
978-4-334-03954-7

852
本当に住んで幸せな街
全国「官能都市」ランキング
島原万丈＋HOME'S総研
豊かに楽しく生きられる、魅力的なまちとは何なのか？「官能」をキーワードに、生活者の都市に対するリアルな評価を可視化し、近未来の都市のイメージを探っていく。
978-4-334-03955-4

853
愛着障害の克服
「愛着アプローチ」で、人は変われる
岡田尊司
あなたの不調の原因は、大切な人との傷ついた愛着にあった。ベストセラー『愛着障害』の著者が、臨床の最前線から、奇跡の回復をもたらす最強メソッドと、実践の極意を公開する。
978-4-334-03956-1

854
駅伝日本一、世羅高校に学ぶ
「脱管理」のチームづくり
岩本真弥
高校駅伝で優勝最多の広島県立世羅高校。田舎町の学校はなぜこんなに強いのか？　最強チームを率いる監督がその秘密を明かす。箱根2連覇の青学・原晋監督との特別対談つき。
978-4-334-03957-8

855
悩み・不安・怒りを小さくするレッスン
「認知行動療法」入門
中島美鈴
うつ病の治療などで実績を上げ、近年、注目を集める認知行動療法。「リスクが低く、目に見える成果が出やすい」と言われる心理療法のポイントを臨床心理士が分かりやすく解説。
978-4-334-03958-5

856
視力を失わない生き方
日本の眼科医療は間違いだらけ

深作秀春

世界のトップ眼科外科医、眼科界のゴッドハンドが語る日本の眼科の真実。眼の治療をめぐる日本の非常識、時代遅れを斬る！　生涯「よく見る」ための最善の治療法、生活術とは。

978-4-334-03959-2

857
売れるキャラクター戦略
〝即死〟〝ゾンビ化〟させない

いとうとしこ

愛されて長生きする、キャラクター成功法則とは？「コアラのマーチ」のCMなど人気広告の制作、運営に関わってきた第一人者による、失敗しないキャラクター戦略！

978-4-334-03960-8

858
SMAPと平成ニッポン
不安の時代のエンターテインメント

太田省一

「アイドル」を革新しながら活動を続ける国民的グループ・SMAP。「平成」という社会に受け入れられたその意味と背景とは？　今、一番読むべきエンターテインメント論！

978-4-334-03961-5

859
イ・ボミはなぜ強い？
知られざる女王たちの素顔

慎武宏

日本女子ゴルフ界を席巻し、二〇一六年度賞金女王を最後まで争ったイ・ボミ、申ジエら韓国人ゴルファーたち。彼女たちの実像とその人気の秘密を、日韓横断取材で解き明かす。

978-4-334-03962-2

860
教科書一冊で解ける東大日本史

野澤道生

教科書に書かれていないものは出ない。知識ではなく歴史の本質を問う東大入試の日本史を、高校教員が作った独自のチャートを使って解く。受験勉強、社会人の学び直しに最適！

978-4-334-03963-9

861
結果を出し続ける
フィジカルトレーナーの仕事
中野ジェームズ修一
構成 戸塚啓

青山学院大学駅伝チーム、卓球の福原愛選手らさまざまなクライアントを持つ名トレーナーが、リオ五輪や箱根駅伝秘話、そのストイックな仕事術を大公開。青学原晋監督推薦！

978-4-334-03964-6

862
ワクチンは怖くない
岩田健太郎

インフルエンザや、子宮頸がん……etc. ワクチンにまつわる「結論ありき」の議論を排し、本当に「あなたの健康」をもたらすワクチンとの付き合い方、その本質をすっきり伝授。

978-4-334-03965-3

863
ネットメディア覇権戦争
偽ニュースはなぜ生まれたか
藤代裕之

ヤフー、LINE、スマートニュース、ニューズピックス、日本経済新聞という、スマホに注力するニュースメディアを徹底取材。巨大な影響力を持つネットメディアの未来と課題を示す。

978-4-334-03966-0

864
医者の稼ぎ方
フリーランス女医は見た
筒井冨美

「医者の本音」をカネ抜きで語るな！ 大学病院からなぜ医師が逃げるか。有能医師はいくら稼ぐか。フリーランス医師はどの科にいるか。100以上の病院を渡り歩く医師の辛口レポート。

978-4-334-03967-7

865
目に見える世界は幻想か？
物理学の思考法
松原隆彦

現代の物理学は、人間の思考を根底から支配している常識を捨て去ることで進展してきた。人間の見た目通りの世界は、本当の世界の姿なのか？ 数式・図表ナシの物理学の入門書。

978-4-334-03968-4

866

キリスト教神学で読みとく共産主義

佐藤優

ロシア革命１００周年——トランプ大統領の勝利は、労働者階級の勝利か？　世界を覆う格差・貧困。新自由主義＝資本主義が生み出す必然に、どう対峙するか？

978-4-334-03969-1

867

〈オールカラー版〉珍奇な昆虫

山口進

「ジャポニカ学習帳」の表紙カメラマンが綴る昆虫探訪記。潜水して獲物を狩るアリ、幼虫が掌サイズの巨大カブト、砂漠を高速で走るゴミムシダマシ…希少な場面をカラーで堪能！

978-4-334-03970-7

868

シン・ヤマトコトバ学

シシドヒロユキ

よい言霊《ことたま》は、よい結果をもたらす——日本列島の母語「大和言葉」が持つ、人の心や大自然とつながる力とは。日々口遊《くちずさ》むことをお薦めしたい祝詞《のりと》や和歌に加え、伝説や逸話も紹介。

978-4-334-03971-4

869

ルポ　ネットリンチで人生を壊された人たち

ジョン・ロンソン
夏目大　訳

自らの行動やコメントが原因で大炎上し、社会的地位や職を失った人たちを徹底取材。その悲惨さを炙り出すとともに、加害者の心理、個人情報を消す方法までを探る。

978-4-334-03972-1

870

世界一美味しい煮卵の作り方

家メシ食堂　ひとりぶん１００レシピ

はらぺこグリズリー

人気ブログ「はらぺこグリズリーの料理ブログ」を運営する著者による、「適当で」「楽で」「安くて」「でも美味しい」厳選料理レシピ集。家メシ、ひとりメシが１００倍楽しくなるぞ！

978-4-334-03973-8

871
すべての教育は「洗脳」である
21世紀の脱・学校論
堀江貴文

学校は「尖った才能」を潰す〝凡人〟生産工場である。その軛から逃れるには、「好きなこと」にとことんハマればいい。真に自由な生き方を追求するホリエモンが放つ本音の教育論。

978-4-334-03974-5

872
おひとり京都の晩ごはん
地元民が愛する本当に旨い店50
柏井壽

京都のひとり旅で最も難渋するのは晩ごはんではないか——。年間100回以上の「ひとり晩ごはん」を楽しむ京都在住の著者が、足繁く通う店を厳選。出張・旅行で、もう困らない！

978-4-334-03975-2

873
イケてる大人 イケてない大人
シニア市場から「新大人市場」へ
博報堂 新しい大人文化研究所

45〜69歳の大人男性層、および20代の男女若者層に対して行われた「イケてる大人の意識・実態調査」をベースに、どんな行動や態度がイケてるか、イケてないかをあぶり出す！

978-4-334-03976-9

874
育児は仕事の役に立つ
「ワンオペ育児」から「チーム育児」へ
浜屋祐子 中原淳

残業大国・日本の働き方は、共働き世帯が変えていく。「育児経験がリーダーシップ促進など、ビジネスパーソンによい影響を与える」という画期的研究を元に、未来の働き方を考える。

978-4-334-03977-6

875
トランプが戦争を起こす日
悪夢は中東から始まる
宮田律

アメリカ歴代大統領の大きな課題、対中東戦略。しかし、新政権からは「反・嫌イスラム」の発言が相次ぐ。不穏な空気が流れ始めた、アメリカ—中東関係の「危険な未来」を読む。

978-4-334-03978-3